10 인지행동치료 스펙트럼 시리즈 | COGNITIVE BEHAVIOR THERAPIES

마음챙김에 기반한 인지치료

인지행동치료 스펙트럼 시리즈 ▮ COGNITIVE BEHAVIOR THERAPIES 10

마음챙김에 기반한 인지치료

Rebecca Crane 저 ▮ 안도연 역

학지사

▬
발간사

인지행동치료(Cognitive Behavior Therapies)는 견고한 이론적 기반과 풍성한 치료적 전략을 갖추고 있는 과학적으로 검증된 심리치료 체계다. 이론적으로, 인지행동치료는 비록 모든 사람이 타당성이 결여된 비논리적인 생각 혹은 유용성이 부족한 부적응적인 생각을 품을 때가 있지만 특히 심리장애를 지니고 있는 내담자의 경우에는 왜곡된 자동적 사고가 뒤따르는 감정과 행동과 대인관계에 미치는 역기능이 현저하기 때문에 문제가 된다고 가정한다. 치료적으로, 인지행동치료는 구체적인 문제 분석, 지속적인 자기관찰, 객관적인 현실 검증, 구조화된 기술 훈련 등을 통해 내담자가 자신의 마음을 바라보고 따져 보고 바꾸고 다지도록 안내하는 일련의 과정으로 진행된다. 인지행동치료자는 내담자가 구성한 주관적 현실을 검증해 볼 만한 하나의 가설로 받아들인 뒤, 협력적 경험주의에 근거하여 내담자와 함께 그 가설의 타당성과 유용성을 검토하는 정교한 작업을 수행한다.

인지행동치료는 발전을 거듭하고 있다. 인지행동치료는 정신병리의 발생 원인과 개입 방향을 전반적으로 설명하는 총론뿐만 아니라 심리장애의 하위 유형에 따라서 구체적으로 변용하는 각론을 제공하기 때문에 임상적 적응증이 광범위하다. 아울러 인지의 구조를 세분화하여 자동적 사고 수준, 역기능적 도식 수준, 상위인지 수준에서 차별적으로 개입할 수 있는 위계적 조망을 제시하기 때문에 임상적 실용성이 향상되었다. 또한 변화와 수용의 변증법적 긴장과 균형을 강조하는 현대 심리치료의 흐름을 반영하는 혁신적 관점을 채택하기 때문에 임상적 유연성이 확보되었다. 다만 이렇게 진화하는 과정에서 인지행동치료를 협의가 아닌 광의로 정의할 필요가 발생했는데, 이것이 서두에서 인지행동치료의 영문 명칭을 단수가 아닌 복수로 표기한 까닭이다. 요컨대, 현재 시점에서 인지행동치료를 제대로 정의하기 위해서는 내용과 맥락이 모두 확장된 스펙트럼으로 간주하는 것이 바람직하다.

이번에 출간하는 인지행동치료 스펙트럼 시리즈는 전술한 흐름을 적절히 반영하고 있다. 독자 입장에서는 인지행동치료의 대명사인 Beck(인지치료)과 Ellis(합리적 정서행동치료)의 모형, 성격장애 치료에 적합하게 변형된 Young(심리도식치료)과 Linehan(변증법적 행동치료)의 모형, 제3세대 인지행동치료로 불리는 Hayes(수용마음챙김치료)의 모형 등의 공통점과 차이점을 이론적 및 실제적 측면에서 세밀하게 조명할 수 있는 기회가 될 것이다. 아울러 메타인지치료, 행동분석치료, 행동촉진치료, 자비중심치료, 마음챙김 인지치료, 구성주의치료 등 각각이 더 강조하고 있거나 덜 주목하고 있는 영역을 변별함으로써 임상 장면에서 만나는 다양한 내담자에게 가장 유익한 관점과 전략을 채택하는 데 도움이 되리라 여겨진다. "Beck은 현실에 맞도록 이론을 변화시키려는 경향이 강했다."라는 동료들의 전언이 사실이고, 인지행동치료의 기본 전제를 수용하면서 통합적 개입을 추구하는 심리치료자라면, 인지행동치료 스펙트럼 시리즈에 관심을 보일 만하다.

인지행동치료 스펙트럼 시리즈 역자 대표
유성진

역자 서문

마음챙김에 기반한 인지치료(Mindfulness-Based Cognitive Therapy: MBCT)는 참여자와 치료자 모두에게 기존과 다른 새로운 관점을 제공한다. 삶의 일부인 고난과 시련들, 그로 인한 생각과 감정들에 맞서 싸우는 방법을 통해 변화를 추구하는 것은 또 다른 괴로움을 만들어 낼 뿐이다. MBCT에서는 그것들을 판단하지 않고, 떠오르는 대로 기꺼이 직접 경험하며 알아차리는 새로운 방식으로 힘든 생각과 감정을 다루는 방법을 제시한다. 또한 애쓰지 않으면서 현재에 존재하고자 하는 의도를 전달한다. 이것은 단순히 교육이나 기술의 습득을 넘어서 삶의 전반에 영향을 미치는 태도가 된다. 따라서 MBCT의 참여자들뿐만 아니라, 이를 활용하려는 치료자는 먼저 이러한 MBCT의 핵심적 가르침을 스스로 체화하도록 지속적으로 훈련해야 한다.

이 책은 우울증 재발에 취약한 사람을 대상으로 실시되는 집단 프로그램에 초점을 맞추어 MBCT의 핵심적인 이론적 및 실제적 특징을 담고 있다. 총 30장 중, 제1부의 15장은 MBCT를 구성하는 마음챙김과 인지행동치료의 전제 및 이론을 담고 있다.

제2부의 15장은 실제 8주로 구성된 집단 프로그램의 전체 개요 및 각 회기에 이루어지는 교육 및 숙제 훈련을 구체적으로 제시한다. 더불어 최근의 MBCT 연구 동향과 프로그램의 교육자로서 받아야 하는 수련 과정 및 참고할 수 있는 기관과 도서를 소개하고 있다. 따라서 이 책은 임상 실제에 유익하게 사용할 수 있는 간결한 MBCT 도서가 될 뿐만 아니라, MBCT의 태도를 스스로의 삶에 스며들도록 지속적으로 훈련하고자 하는 현장의 전문가와 수련생 모두에게 도움이 될 것이다.

끝으로 인지행동치료 스펙트럼 시리즈가 출간되는 데 많은 도움을 주신 학지사 관계자 여러분께 감사드린다.

2019년

안 도 연

추천사

"처음에는 믿을 수가 없었습니다. 그리고 다른 이들도 똑같이 말했죠."

2008년 1월, 이상하게도 따뜻한 화요일에 기분 좋은 점심시간이었다. 우리는 Oxford 대학 정신과의 휴게실 커피 테이블에 둘러앉아 있었다. 심각한 증상의 기분장애 분야에서 국제적 전문가인, Oxford의 저명한 정신과 교수가 말했다.

"지난 수년간 수백 명의 사람을 심리치료에 의뢰해 왔지만 이런 반응은 처음입니다."

그는 최근 마음챙김에 기반한 인지치료(MBCT) 프로그램을 받은 우울증과 양극성 장애(조울증) 진단의 많은 환자에 대해 이야기했다. 환자들은 스스로 우울해질 때마다 자살 충동과 계획을 가지고 있다는 것을 알았기에 Oxford의 MBCT 과정에 의뢰되었다. 많은 사람이 과거에 자살을 시도했거나 자살 시도 직전까지 갔었다.

"그들에 대해 무엇을 알게 되었나요?"라고 내가 물었다.

"음, 설명하기 어려워요. 그들은 더할 나위 없이 기분이 좋고, 자신들이 겪은 어려움을 극복할 수 있는 방법에 대해 이전에 알았던 것과 완전히 다른 것을 발견했다고 합니다. 처음에 나는 그들이 다시 조증을 겪게 되는 것은 아닐까 생각했어요. 하지만 그렇지 않았죠. 그들은 무언가가 삶을 완전히 바꿔 놓았다고 했어요. 그리고 단지 한 사람만이 아니라 많은 사람이 똑같이 그렇게 말했죠."

당연히 나는 조심스러웠다. 결국 이것은 단지 시범 프로그램에 불과했고, 정신건강 문제의 가장 힘든 부분까지 마음챙김에 기반한 접근법의 적용을 점차 확대하려는 우리 노력의 일부였다. 우리는 이와 같은 즉각적인 변화가 우울증이나 양극성 장애 진단을 받은 사람들의 재발을 지속적으로 방지할 수 있을지 여전히 알지 못했다. 하지만 이런 말을 들은 것이 이번이 처음은 아니었다. 그들은 명상 수련의 집중적인 훈련 경험에 의해 기대하지 않은 방법으로 변화하는 것을 발견한 다른 사람들—정신건강 전문가들 및 그들의 환자들—과 마찬가지였다.

Zindel Segal, John Teasdale 그리고 내가 Jon Kabat-Zinn과 그의 동료들을 만나러 매사추세츠 우스터에 있는 UMass 병원에 갔던 초창기 15년 전으로부터 한참이 지났다. 우리가 임상가들을 위해 쓴 책에서 말했듯이(Segal, Williams, & Teasdale, 2002) 그 당시 우리는 발견할 것 같은 것들에 대한 태도에서 서로의 차이를 보았고, 첫 방문으로 이러한 많은 의문이 해결되지는 않았다.

나는 이것이 우울증에 대한 잘못된 접근이라고 확신했다. 첫째, 비록 우리가 마음챙김 명상 훈련을 배웠다 하더라도, 심지어 우리의 연구가 재발 우울증 환자들에게 무언가를 제공했다는 것을 발견했다 하더라도, 어떻게 우리의 동료들이 다른 사람들에게 그것을 가르칠 수 있기 위해 명상에 전념하기를 기대할 수 있을까? 나는 "그냥 계산해 봅시다. 기껏해야 의료 환경에서 마음챙김 훈련은 소수의 활동으로 끝날 것이고, 환자들에게 제공될 수 있는 것들 중 영원히 변방에 머물게 될 것입니다."라고 말했다.

나의 두 번째 의혹은 훨씬 더 근본적이었다. 이 모임 전에는 한 번도 명상을 해 본 적이 없었고, 곁에서 보기에 강의에서 배우는 것은 단지 이완의 한 형태일 뿐이라고 생각했다. 그리고 우리는 이미 이완 훈련이 우울증에 효과가 없다는 증거를 가지고 있었다. 비록 개인적으로는 마음챙김 명상 훈련에 전념했지만, 나는 회의적이었다.

내가 엄청나게 틀렸다는 것이 드러났다. 그렇다. 우리는 반복해서 우울증을 겪은 사람들의 재발(relapse)과 재현(recurrence)을 줄이는 데 MBCT가 효과적이라는 것을 보여 줄 수 있었다. 나는 모든 것에 대해서 틀렸다. 다른 사람들에게 가르쳐 주기 위해 자신의 삶에서 마음챙김을 함양하는 법을 배우려는 임상가들의 열정은 실로 대단했다. 실제로 그것은 늘어가고는 있지만 가장 심각하고 중요한 과학적 노력들의 특징인 느린 속도로 진행되는 현재의 근거 기반을 훨씬 능가했다.

또한 마음챙김이 무엇인지에 대해서도 틀렸다. 삶을 변화시키기 위한 이 접근법의 힘을 계속 목격하기 시작하면서 나의 회의론이 무너지고 있음을 발견했다. 우선, 마음챙김 명상의 훈련에서부터 명상이 이완과 매우 다르다는 것이 분명해진다. 또한 우리가 보통 이해하는 것처럼 본질적으로 그것은 심리치료의 한 형태도 아니다.

그것이 무엇이 아닌지 말하는 것은 아주 쉬울 수 있다. 그것이 무엇인지 말하는 것은 훨씬 더 어렵다. 바로 이 지점에서 Rebecca Crane의 책이 훌륭하다고 할 수 있다.

Rebecca는 Bangor 대학의 마음챙김 연구 및 훈련 센터를 수년간 총괄해 왔으며, 신체 및 정신적 건강 관리에 대한 마음챙김 기반의 접근법을 교육하는 유럽의 주도적인 센터가 되도록 도왔다. 영국과 UMass의 의학, 의료 및 사회 부문의 마음챙김 센터(현재 책임자는 Saki Santorelli 박사임)에서 동료들과 긴밀하게 일하는 Rebecca와 그녀의 동료들은 신체적, 정서적 어려움을 겪고 있는 수백 명의 사람에게 마음챙김 수업을 제공하는 데 있어 폭넓은 경험을 가지고 있다. 그리고 그들은 다른 사람들에게 마음챙김을 가르치고자 하는 사람들을 위해 종합적인 연수 프로그램을 신중하고 현명하게 개발해 왔다. 그녀는 국내적으로나 국제적으로 이 분야의 최근 발달 과정의 참여자이자 관찰자로서 이 책을 쓰기에 유일무이의 위치를 차지한다.

그리고 이것은 이론적 관점과 임상 실제 모두에서 MBCT가 무엇인지에 대한 명확한 설명이다. 쉽게 접근할 수 있는 언어로 쓰인 점에서 그것은 마음챙김 수업의 수강생과 그들의 교육자 모

두에 의해 높이 평가될 놀라운 성과이다. Rebecca, 글을 써 줘서
고맙습니다.

Mark Williams

2008년 2월 옥스포드에서

—
서문

마음챙김에 기반한 인지치료(Mindfulness-Based Cognitive Therapy: MBCT)의 독창적 특징들을 간결하게 나열하는 것이 이 책의 목적이다. 나는 이 책이 MBCT의 핵심적인 이론적 및 실제적 독창성을 이해하는 기초가 되고, 추후 MBCT에 대해 더 탐구하도록 하는 기반이 되기를 바란다. 당연히 이는 불완전하다. 간결하고 구조적인 방식으로 이처럼 복잡하고 다차원적인 접근 방식을 설명하는 것의 위험성은 이것이 자칫 전체 그림으로 인식될 수 있다는 것이다. 전혀 그렇지 않다.

특히 마음챙김 훈련과 관련된 이론을 설명하는 것은 어렵고, 장기적인 훈련을 하는 많은 사람 및 교육자들은 그러한 시도에 대해 웃을 것이다! 한 교육자는 이것을 젤리를 벽에 핀으로 꽂는 것에 비유했다! 마음챙김 훈련과 교육은 심리적으로 쉽게 묘사할 수 없는, 마음의 미묘하고 심오하며 정의하기 힘든 특징으로 우리를 인도한다. 따라서 마음챙김 훈련 시 우리가 하고 있다고 믿는 과정을 분명히 설명하려는 노력은 역설을 내재하고 있으며, 환원적으로 보일 수 있다. 불완전할 수 있지만 우리가 이것을 하면서 알지 못하는 모든 것을 마음에 두고 있는 한, 우리가 아는 바를 명확히 설명하고 분명히 하는 것은 유용하다. 나는 독자들에게 다음을 기억해 달라고 요청한다. 이 책을 통해 이론이 실제보다 더 명확하고 확고하다는 인상을 줄지도 모른다.

마음챙김에 기반한 스트레스 감소는 MBCT의 부모 격으로, 그 자체는 불교적으로 마음챙김을 가르치는 2500년의 유산 및 인지행동적 과학과 치료적 원리로부터 도출되었다. MBCT에 대한 이해를 좀 더 깊게 하고 싶은 사람들은 MBCT가 발생된 이러한 배경 영역에 대해 탐구하는 시간과 공간을 들여야 할 것이다. 이것을 지원할 수 있는 자원은 풍부한데, 그중 일부는 이 책의 '더 읽을거리'에 인용되어 있다.

이 책을 쓸 기회는 Bangor 대학의 마음챙김 연구 및 훈련 센터에서 교육자와 교육연수 강사로서의 나의 일을 통해서 다가왔다. 나는 지난 6년간 교육 집단과 행정 팀을 구성하는 동료 및 친구들과 함께 이 센터의 발전에 있어 중심적인 역할을 할 수 있는 특권을 누려 왔다. 이 센터는 Mark Williams 교수에 의해 설립되었는데, 그가 첫 번째로 시도된 MBCT 연구의 Bangor 팀을 이끄는 동안 센터는 전문 지식과 흥미를 함께 모아 왔다. 지역사회 정신건강 팀 내에서 일대일로 그리고 집단으로 치료하는 데 참여한 직업 치료자로서 이 연구는 나의 전문가적 관심을 끌었다. 개인적인 이끌림도 똑같이 강력했다.

나는 학생 시절, 훌륭한 교육자들과의 다양한 수련회를 통해 흥미가 생겼고, 개인적으로 마음챙김 훈련을 해왔다. 이는 내 인생에서 아주 중대한 기반이었다. 비록 내담자를 치료하는 동안 마음챙김 훈련이 내 개인적인 과정에 중심적인 영향을 미쳤지만, 그것은 나의 일의 명백한 부분은 아니었다. 그러나 내 인생의 실타래에 합류할 가능성은 강력했다.

마음챙김 훈련과 교육은 우리에게 개인과 우주가 영원히 서로 얽혀 있다는 것을 상기시켜 준다. 마음챙김 연구 및 훈련 센터에서 마음챙김에 기반한 연수 프로그램을 개발한 시기는 나의 아이들이 가장 어린 나이로, 이 시기 많은 사람이 겪는 격동과 놀라움 그리고 축하가 함께 일어났다. 우리 직업 생활에서 마음챙김을 가르치는 선물 중 하나는 "모닝콜"이다. 그것은 우리가 개인적인 삶에서 가능한 한 충분히 접근하는 삶을 살기 위한 의도를 갖게 한다. 우리 가족이 나에게 준 현실 확인(종종 힘들지만)은 매우 귀중한 가르침이었다! 마찬가지로 교육자 집단으로서 교육연수 프로그램을 개발하면서 우리는 개인 및 집단의 발전에도 동일한 엄격함을 적용하고자 하는 지속적인 의도를 가지고 있다. 내 삶의 어떤 다른 시기보다 이때에 세밀한 삶 속에서 가능한 한 의식적으로 살고자 하는 이 의도가 더 넓은 감각에서 우리의 탐구와 이해에 영양을 공급하는 양분이라는 것을 발견했다.

이 작업을 하는 것은 신나는 시간이다. 명상의 전통과 심리학의 접점에서 치료 장면에서의 마음챙김에 대한 커지는 가능성에 관한 관심과 발전이 급증하고 있다. 그러나 현재 MBCT의 근거 기반은 여전히 매우 작다. 이와 나란히 그 잠재력에 대한 광범위한 관심과 열정이 있다. 그 잠재력은 내담자 및 환자에게와 마찬가지로 전문가에게도 동등하다. 많은 사람이 내담자들에게 제공되는 희망 때문에 마음챙김에 관심을 갖게 되지만, 그들은 곧 상당히 직접적으로 참여하지 않고서는 그 방법을 발견하는 것이 불가능하다는 것을 깨닫는다. 대부분의 사람들은 이 참여를 도전적이면서도 엄청난 보람으로 경험한다. —"그 훈련은 새로운 눈을 통해 내 삶을 볼 수 있도록 도와주었어요." 또는 "저는 제 임상 활동과 직접적으로 관련이 있는 것을 넘어서는 방법으로 양분을 공급받았다고 느낍니다." 마음챙김 경험과 훈련은 묘사하기 어려울 수 있지만, 그것이 우리에게 닿았을 때는 자신과 세계에 대한 우리의 지향을 근본적으로 바꾼다.

이 책은 마음챙김과 치료적 접근의 통합에 대한 현재 관심의 특정 표현에 초점을 맞추고 있다. MBCT 프로그램은 우울증 재발의 취약성이라는 특정한 임상 문제가 있는 사람들을 위해 집단으로 제공된다. 물론 치료적 환경에서 마음챙김 기반의 접근 방법들을 제공하기 위한 많은 다른 숙련된 수단이 있다. 비록 이 책에서 정보를 제공할 수 있지만, 그것들을 구체적으로 다루지는 않는다.

MBCT에 대한 주요 근거 기반은 현재 우울증이 재발되는 사람들에 대한 효과와 관련된다. 그러나 자살 위험이 있는 우울증의 재발, 만성 피로 증후군, 종양 환자, 불안장애 그리고 일반적인 스트레스 감소 등 다른 분야에 초점을 둔 MBCT도 개발 및 연구되며 임상적으로 활용되고 있다. 이 책에 기술된 많은 심리학적 과정이 다른 대상군과 관련될 수 있지만, 모든 사람에 대한 것은 아니다. 다양한 증상에 대해 정적인 효과 크기를 보여 주는 마음챙김에 기반한 스트레스 감소(Mindfulness–Based Stress Reduction: MBSR)에 대한 광범위한 근거 기반은 이러한 개발에 대한 좋은 지지가 된다. 그럼에도 마음챙김에 기반한 적용의 개발 초기 단계에서는 근거 기반과 그 접근이 유지될 가능성 사이에 간극이 있다. MBCT의 활용을 다른 분야의 내담자 집단과 새로운 맥락으로 확장하는 중요한 과정에서 우리가 모르는 것을 명심하는 것과 조심스럽고 신중하게 새로운 영역으로 나아가는 것이 중요하다.

이 시리즈의 다른 책들과 같이 이 책은 MBCT의 이론적 독창성에 대한 15장 그리고 실제적 독창성에 대한 15장으로 나뉘어져 있다. MBCT와 MBSR의 유사성을 고려하면 두 가지 접근 방식 모두에 해당하는 독창적인 다양한 특징이 있다. 이러한 경우 일반적으로 "마음챙김 기반의 접근" 또는 "8주간의 마음챙김 기반의 프로그램"이라는 명칭을 사용한다.

이 책이 주로 초점을 맞추고 있는 이론은 작업에 있어서의 인지과학적 배경이다. 또한 마음챙김에 기초한 불교에 대한 참고적 언급도 있다. MBCT의 교육 과정에 대한 이해에 유용하게 기여하는 다른 이론적 틀이 있으나(특히 학습이론과 집단상담이론), 여기서는 제시되지 않는다.

이 책을 쓰는 것은 나에게 있어 풍부한 배움의 경험이었다. 이 책이 당신의 학습에 기여하고, 이어서 당신이 함께 일하는 사람들의 삶에 대해 알려 주기를 바란다.

Rebecca Crane

2008년 3월

[약어 사용]

MBCT: Mindfulness-Based Cognitive Therapy(마음챙김에 기반한 인지치료)

MBSR: Mindfulness-Based Stress Reduction(마음챙김에 기반한 스트레스 감소)

CBT: Cognitive Behavioural Therapy(인지행동치료)

TAU: Treatment As Usual(일반적 치료)

3MBS: Three Minute Breathing Space(3분 호흡 공간)

차례

1부

마음챙김에 기반한 인지치료: 이론적 독창성

$2_\text{부}$

마음챙김에 기반한 인지치료: 실제적 독창성

1부

마음챙김에 기반한 인지치료: 이론적 독창성

01

마음챙김에 기반한 스트레스 감소와 인지행동치료의 통합

마음챙김에 기반한 인지치료(Mindfulness-Based Cognitive Therapy: MBCT)는 과거에 우울증을 겪은 적이 있으며, 따라서 우울증 재발에 취약한 사람들을 치료하기 위해 개발되었다. 우울증의 관해 시기(remission)에 있는 참여자를 대상으로 신체 감각, 생각, 감정을 알아차리는 방법과 우울증 재발 시 초기 증후에 적절하게 대응하는 방법을 학습하도록 교육하는 것이 치료의 목표이다. 프로그램의 핵심은 마음챙김 명상이다. MBCT 프로그램은 마음챙김에 기반한 스트레스 감소(Mindfulness-Based Stress Reduction: MBSR) 프로그램의 구조와 과정 그리고 우울증의 인지행동치료(Cognitive Behavioural Therapy: CBT) 중 일부분을 통합한 것으로, 최대 12명의 참여자를 대상으로 8주간 진행된다. 이 장에 요약된 '마음챙김 명상' 'MBSR' 그리고 'CBT', 이 세 가지가 바로 MBCT의 내용이며, 프로그램의 개발 정보를 알려 주는 것이다.

마음챙김

마음챙김은 수많은 고대 정신적 전통의 한 측면이다. 불교에서 마음챙김은 괴로움(suffering)의 기원과 그것을 멈추는 것을 깨닫는 과정에서 필수적이다. 또한, 존재하는 어려움과 고통(pain)에 괴로움을 더하는 패턴으로부터 벗어나는 수단이다(Gunaratana, 2002). 따라서 우리는 마음챙김을 통해 인간 존재에 내재된 보편적인 취약성과 어려움을 찾고 다룰 수 있다. 마음챙김 알아차림 자체는 종교적이거나 혹은 소수만이 알고 있는 비밀이 아니고, 모두가 편하게 적용해 볼 수 있는 것이다(Grossman, Niemann, Schmidt, & Walach, 2004; Kabat-Zinn, 2003).

마음챙김은 우리가 특정한 방법으로 경험에 주의를 기울일 때 나타나는 알아차림이다. 경험의 특정 부분에 의도적으로 주의를 기울인다는 점에서 '의도적'이며, 마음이 과거나 미래로 흩어질 때 다시 현재로 되돌려온다는 점에서 '현재에 있는 것'이고, 떠오르는 것은 무엇이든지 수용하는 과정이라는 점에서 '비판단적'이다(Kabat-Zinn, 1994). 무언가 떠오르면 그저 무슨 일이 일어나고 있는지 알아차리고, 깊고 직접적으로 주의를 기울이며, 수용적으로 관여한다. 참여적인 관찰이라는 상당히 강력한 행위이다. 마음챙김 훈련의 의도와 본질이 매우 간단할지라도 그것은 종종 힘들게 느껴진다. 마음챙김은 우리의 경험에서 떠오르는 모든 것에 확실히 "향하도록" 우리 스스로를 훈련하는 연습이다. 이는 우리의 경험에서 어렵고 도전적인 측면을 피하고자 하는 본능에 역행하는 것이다.

마음챙김 교육과 훈련은 다음과 같은 세 가지 요소를 포함한다.

- 알아차림의 발달 알아차림은 공식적인 마음챙김 훈련(바디스캔, 정좌명상, 마음챙김 움직임)과 비공식적인 마음챙김 훈련(일상에서 지금 순간의 알아차림을 함양)이 포함된 체계적인 방법을 통해 발달된다.
- 특정한 태도 틀 친절함, 호기심 및 경험의 전개에 기꺼이 함께 존재하는 것으로 특징지어지는 태도는 훈련을 통해 의도적으로 함양되고 자연스럽게 드러나게 된다.
- 인간의 취약성에 대한 체화된 이해에 연결하는 과정 이는 교육을 듣는 것과 마음챙김 명상 훈련 시 이루어지는 실제 경험을 직접 보면서 그 타당성을 탐구하는 것을 통해 발달된다. 괴로움이 우리 경험에 내재된 것이라 하더라도, 습관적으로 그것을 영속 및 증가시키고 또 악화시키는 패턴을 인식하고 거기서 빠져나올 수 있는 많은 방법을 익힌다. 원래 불교에서는 마음챙김이란 우리 괴로움의 본질을 인식하고 떠오르는 것을 의식적으로 다루도록 하는 통합된 체계의 핵심이라고 가르친다.

마음챙김 교육과 훈련의 이와 같은 요소들은 통찰력과 새로운 관점을 발달시켜 개인의 변화를 촉진한다.

마음챙김이 불교적인 것에서 벗어나 MBCT나 MBSR과 같은 대중적인 프로그램에 적용되면서 변화를 가져오는 핵심 측면은 변하지 않았음을 확인하는 것이 중요하다(Teasdale, Segal, & Williams, 2003). 이는 MBCT 학습 과정의 본질을 잘 아는 특수한 교육자에 대한 이슈(30장 참조) 등 많은 것이 포함된 복잡한 질문이다. 여기서 소개할 부분이 바로 프로그램 자체의 중요한 구성 요소이다. 앞에서 언급한 마음챙김 교육과 훈련의 세 가지의 폭넓은 요소는 대중적인 8회기 프로그램 내용에 잘 반영되어 있다. 따라서 MBCT 프로그램에는 다음과 같은 내용들이 포함된다.

- 알아차림의 촉진 마음챙김 훈련을 통해서이다.
- 특정한 태도 틀 너무 애쓰지 않음, 수용하기 그리고 경험에 대한 진솔한 흥미를 특징으로 한다. 이는 주로 이러한 자질들이 스며들어 있는 교육 과정을 통해 암시적으로 전달된다.
- 배운 것을 취약성 다루기에 대한 이해에 연결하는 과정 개인의 경험적 학습은 더 넓은 이해 틀 내에서 통합된다. 이러한 이해는 인간의 일반적인 취약성 및 괴로움의 본질과 우울증 재발에 취약한 특성 모두와 관련된다. MBCT 과정 동안 대화, 반영, 집단 훈련 및 교육을 통해서 이러한 통합이 촉진된다.

토론토에 있는 중독 및 정신건강 센터의 Zindel Segal, Bangor Wales 대학의 Mark Williams 그리고 캠브리지에 있는 의학연구회 중 응용심리학 분과의 John Teasdale 등 세 명의 MBCT 개발자는 우울증 재발에 취약한 원인을 이론적으로 살펴보는 첫 논문에서 개발 과정을 알렸다.* 이를 통해 우울증 재발을 방지하는 주요 보호 기제가 "탈중심화(de-centre)" 혹은 사고 과정에서 한 발 물러설 수 있는 능력임을 알게 되었다. 개발자 중 한 명의 특수한 경험으로 이러한 내용을 이해하게 되었고, 마음챙김 명상 훈련을 통해 우울증 예방과 관련된 다른 기술들을 개발했다. 이후 Segal, Williams, Teasdale(2002)은 Jon Kabat-Zinn의 업적에 이끌렸다.

마음챙김에 기반한 스트레스 감소

Kabat-Zinn(1990)은 전통적인 불교의 마음챙김 명상 훈련을 '마음챙김에 기반한 스트레스 감소'라는 쉽게 접근할 수 있는 8회기의 심리교육 프로그램에 최초로 접목한 선구자이다. MBSR을 개발한 Kabat-Zinn의 목적과 비전은 만성 통증을 비롯한 다양한 문제로 괴로워하고 있는 환자들에게 고대의 마음챙김 훈련으로부터 배운 것들을 접근하기 쉽게 전달하는 대중적인 주류 프로그램을 만드는 것이었다. 따라서 마음챙김은 집단 기반의 대중적인 교육 프로그램으로 다시 구성되어 전수되었고, 심리학적 이해와 심신의학에서의 스트레스 모델 및 현대적 삶의 도전들을 다루는 것에 대한 탐색을 통합하게 되었다.

---

* 비록 재발(relapse)과 재현(recurrence)은 약간 다른 의미이지만, 여기서는 단순하게 재발(relapse)이라는 용어를 사용할 것이다. 재발이란 항우울제 복용으로 잠복된 단일 우울 삽화가 지속되는 것을 말하는 반면, 재현이란 완전히 새로운 우울 삽화가 시작되는 것이다(Kupfer, 1991).

MBSR 프로그램은 원래 신체 및 심리적 어려움을 지닌 참여자 집단이 받는 교육이었는데, 현재는 다양한 진단과 문제를 지닌 참여자들에게 적용되고 있다. 예를 들면, 암, 류머티즘, 섭식장애를 지닌 경우나 수감 시설, 도시 빈민지역, 의학 교육 또는 기업 장면 등에서 적용된다. 미국에서 MBSR은 통합 의학에서 새롭게 떠오르는 분야가 되었다.

프로그램은 대체로 8주의 심리교육 과정으로 구성되어 있으며, 각각의 마음챙김 훈련을 소개하는 것으로 이어지는데 이는 MBCT와 MBSR에서 유사하다. 두 프로그램의 핵심적인 차이는 참여자에 맞게 고안된 학습 방법이다.

인지행동치료

MBCT에 통합된 CBT의 기여점은 다음의 두 가지이다.

- 우울증 치료를 위한 CBT에서 비롯된 내용들은 인지적 틀과 이해의 토대를 제공한다(Beck, Rush, Shaw, & Emery, 1979). 이는 접근법의 개발(2장 참조) 및 교육자와 참여자들이 학습을 우울증에 연결시킬 수 있는 이해를 제시함으로써 교육 과정에 대한 정보를 제공한다(14장 참조).
- CBT로부터 추출된 커리큘럼 요소에 대한 정보를 제공한다 (27장 참조).

[요약]

마음챙김 명상은 MBCT 프로그램의 기반이다. MBSR은 구성, 내용 및 교육 방법에 대한 정보를 제공한다. 우울증 치료를 위한 CBT는 교육 과정 중의 일부 내용과 요소에 대한 정보를 제공한다.

02

인지이론에 의한 우울 취약성의 근거

세계보건기구가 추정한 바에 의하면, 2020년에는 전 세계 질병 비용 부담에서 1위인 협심증과 근소한 차이로 단극성 주요 우울증이 2위를 차지하게 될 것이라고 한다(Murray & Lopez, 1996). 주요 우울증의 핵심 특징은 반복적인 삽화를 경험하는 것이다. 따라서 개인적으로 그리고 세계적으로도 그 영향을 줄이기 위해서 우울증을 겪은 사람들의 높은 재발 취약성은 특별히 관심을 두어야 하는 문제이다.

비용 효율적인 재발방지 접근의 개발

MBCT의 개발 이전에 우울증 재발방지를 위한 근거 기반적인 전략들은 다음과 같았다.

- 약물 치료의 유지 가장 널리 쓰이는 우울증 재발방지 전략이지만(Kupfer et al., 1992), 재발방지 효과는 오직 약을 먹고

있을 때만 지속된다.

- 인지행동치료 우울증을 겪는 동안 CBT를 받은 사람들은 그렇지 않은 경우에 비해 우울증 재발 가능성이 낮았다(예를 들어, Hollon et al., 2005).

항우울제는 급성 우울 삽화를 치료하는 데 효과적이고, CBT는 삽화 중 그리고 이후 재발을 방지하는 데 모두 효과적이지만 이 치료법들에는 약점이 있다. 약물 치료를 하는 환자들은 유용한 효과를 유지하기 위해 장기간 약물을 복용해야 한다. 또한 CBT의 효과는 일대일 관계를 맺게 되는, 숙련된 드물고 비싼 치료자에 달려 있다. 따라서 세 명의 MBCT 개발자는 다음과 같은 목표를 가진 재발방지 접근을 개발했다.

- 집단 형식 높은 우울증 유병률과 일대일의 치료비용으로 인해 더 널리 사용될 수 있는 비용 효율적인 접근법의 개발이 요구되었다.
- 관해 시기 중의 참여 대개는 항우울제 치료를 통해 호전되어 관해 시기에 있는 참여자들이 대상이 된다.

우울증의 재발방지를 위한 새로운 접근법을 개발하면서 Segal과 Teasdale 그리고 Williams는 특수한 취약성이 생기고 지속되는 방식과 그것을 거꾸로 돌리는 마음의 특정한 과정을 온전히 이해하는 데 시간을 들이는 것부터 시작했다. 특히 두 가지 질문을 연구했는데, "우울증 재발의 취약성을 증가시키는 근본적 이유가 무엇인가?" "우울증 동안에 받는 CBT의 여러 기술 중 어떤 것을 통해서 장기적인 재발 취약성이 줄어드는 것인가?"이다 (Teasdale, 2006).

우울증 재발의 취약성

우울증 삽화를 많이 겪게 될수록 삽화가 또 발생하는 데 필요한 환경적 스트레스는 적어진다. 내적 사고와 경험 방식이 특정한 패턴으로 발전해 왔기 때문으로 그것은 스스로 생성되고 지속된다(Post, 1992). 그렇다면 각 삽화에서 무엇이 향후 우울증의 취약성을 증가시킬까?

기분이 처지는 기간이나 그 단계는 모든 사람이 경험하는 삶의 패턴 중 정상적인 부분이다. 과거 우울증을 경험했던 사람들에게 기분이 처지는 순간들은 우울증 재발 위험성이 높아지는 시기가 된다. 반추(rumination)와 경험적 회피(experiential avoidance)라는 두 개의 연결된 요인이 가벼운 슬픔을 더 깊어지게 그리고 지속되게 만든다.

- 반추 자기 비난적이고, 자기 초점적이며, 반복적으로 하는 부정적인 생각이다. 불행이나 처진 기분의 정서적 어려움을 "해결"하고자 하는 욕망에 사로잡힌다(반추에 대한 더 많은 내용은 6장 참조).
- 경험적 회피 힘든 생각, 감정 및 신체적 감각의 직접적 경험

에 접촉하지 않으려고 애쓰는 것이다(경험적 회피에 대한 더 많은 내용은 7장 참조).

우울증을 겪는 것은 처진 기분, 반추적 사고 패턴, 경험적 회피 및 피로감이나 무기력 같은 신체적 감각들의 집합이자 상호작용이다. 우울 삽화 동안 이 요소들 간에 연합이 생기고 학습된다. 반복적인 우울 삽화는 이 요소들 간에 학습된 연합을 강화하고, 한 개인의 인지적, 정서적, 신체적 패턴 속에 각인시킨다. 이는 일상적으로는 드러나지 않지만, 기분이 저조해질 때마다 재활성화된다. 바로 이러한 이유로 관해 시기에 조금이라도 기분이 처지면 기존의 슬픈 기분과 연합되어 있던 패턴이 다시 촉발될 수 있다. "차별적 활성화(differential activation)"라고 불리는 이 과정이 우울증이 재발되는 주요한 이유이다(Teasdale, 1988; Teasdale, Segal, & Williams, 2000).

인지행동치료는 어떻게 재발의 위험성을 감소시키는가

MBCT 개발자들은 CBT 중 어떤 측면이 우울증 이후에 그 재발을 막는 데 도움이 되는지 이해하는 것을 중요시했다. 그들이 개발하고 있던 재발방지 접근은 이와 동일한 기술을 발달시키는 데 유용할 수 있다.

자세한 이론적 분석으로 다음의 가설을 도출했다. CBT 회기 동안 사고 내용과 습관적 회피 경향을 반복적으로 다루는 것은 사고와 감정 간의 관계에 대한 내담자들의 전반적인 관점을 점차 변화시킨다. CBT 과정에서 내담자들은 힘든 생각과 감정들이 반드시 현실을 반영하지 않고, 자신의 핵심적 부분도 아닌 마음 속 과거의 일임을 받아들이게 된다(Segal et al., 2002). 사고와 감정에 대한 "탈중심화된" 관계 혹은 태도로 불리는 중요한 내용이다. 이는 반추 사고와 저조한 기분 순환의 결과물이 얽힌 관계로부터 한 발짝 물러설 수 있는 능력을 만들어 낸다.

따라서 사고와 감정에 대한 "탈중심화된" 관계는 CBT에서 직접적 목표는 아님에도 학습 과정 중 암묵적으로 생기게 된다. 반대로, MBCT 학습 과정에서는 자신의 경험에서 "탈중심화"하는 기술을 발달시키는 것이 명백하고 의도적인 목적이 된다. 결과적으로 전통적인 CBT와 달리 MBCT에서는 사고 내용인 신념을 변화시키는 것을 강조하지 않는다. 체계적 훈련들은 매 순간 자각의 장에서 일어나는 신체적 감각, 생각 및 감정들의 알아차림을 더 강조한다. 이는 신체적 감각, 사고 및 감정에 대한 "탈중심화된" 관계를 발달시킬 가능성을 점점 촉진한다. 우리는 그것을 실제로 보기보다 우리의 자각을 통해 움직이는 경험의 측면으로 볼 수 있다는 것을 배운다. 우리는 사고 내용 그 자체보다는 사고 과정과 관련된 것을 배우고, 우리의 생각이 사실이 아니라 그저 그냥 생각일 뿐임을 볼 수 있다.

[요약]

이 장에서 강조된 세 가지는 다음과 같다.

- 주요 우울증은 재발되는 특성이 있다.
- 우울증의 재발 취약성을 생성하는 주요한 심리적 패턴은 경미한 슬픈 기분이 자기 비하적 사고의 오랜 습관적 패턴들을 촉발시키는 것이며, 이는 반추 사고와 경험적 회피의 반복적인 순환으로 이어진다. 이러한 것들이 모여 처리 경험의 일반적인 패턴을 형성하는데, 우울증을 없애려는 동기에 의한 것일지라도 실제로 이것은 우울증을 지속시킨다.
- 부정적인 반추 사고와 저조한 기분이 자신의 핵심적 측면이기보다는 경험의 측면임을 깨닫는 관점("탈중심화" 관점)을 발달시키는 것은 우울증 재발과 재현에 취약한 사람들을 보호하기 위해 중요한 요인이 된다.

03

우울증 재발 위험을 줄이는
기술의 학습

우울증에 걸리기 쉬운 사람들이 자신의 경험을 처리하는 특정한 방식은 재발 취약성을 증가시키며, 일단 우울증이 다시 발생하면 그것을 지속시키는 요인이 된다. MBCT의 특수한 목적은 잠재적인 우울증 재발 시기에 이러한 과정을 효과적으로 다루는 수단을 참여자들에게 제공하는 것이다. 기본적으로 마음챙김과 "재발에 관련된" 마음 상태는 공존할 수 없다. MBCT 과정은 관해 기간에 실시되며, 개발된 기술은 잠재적 재발 시점에서 효력을 발휘하도록 의도된다. [그림 3-1]은 이러한 과정에 대한 도식적 소개이다.

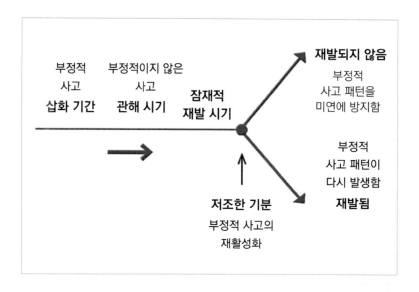

[그림 3-1] 우울증 재발의 인지적 위험성에 대한 모형

마음챙김에 기반한 인지치료는 관해 기간에 실시되며, 개발된 기술들은 잠재적 재발 시점에서 효력을 발휘하도록 의도된다(Segal, Z.V., Williams, J. M. G., & Teasdale, J. D. (2002)의 *Mindfulness-Based Cognitive Therapy for Depression: A New Approach to Preventing Relapse* 에서 허가하에 재인용).

그럼 MBCT 과정에서 배우게 되는 기술들이 우울증의 재발 위험을 높이는 취약성과 어떻게 연관될까? 마음챙김 훈련과 MBCT 프로그램의 요소들은 우울증 재발을 이끄는 과정에서 네 가지의 광범위한 목적을 지닌다. 참여자들은 다음의 것들을 배운다.

(1) 반추적 사고 패턴에서 벗어나기
(2) 재발과 관련된 잠재적 심신 과정을 인지하고 더 잘 알아차리기

(3) 우울과 연관되거나 그렇지 않은 모든 경험에 새로운 방식
으로 접근하기

(4) 경험의 힘든 측면과 그렇지 않은 측면 모두로 향하고 친해
지고 관여하기

이제부터 앞의 네 가지 학습 영역의 중요성을 살펴볼 것이다.
8주간 진행되는 MBCT의 중요한 학습 주제들을 고딕체로 강조하
였다.

(1) 반추적 사고 패턴에서 벗어나기

우리의 의식적인 주의는 주어진 시간 동안 오직 한정된 양의
정보만 처리할 수 있다. 따라서 의도적으로 경험의 한 측면에 주
의를 기울이면 우리는 자연스럽게 즉각적 주의로부터 다른 측
면을 배제하고, 그것을 지속시키는 자원도 제거한다(Teasdale,
Segal, & Williams, 1995). 따라서 기본적으로 몸의 감각에 의도적
인 초점을 맞추어 현재 순간에 실재와 함께하는 것은 주의력 자원을
반추 사고로부터 떨어뜨린다. 개념적 사고를 통해 문제를 급하
게 해결하는 것을 추구하기보다 직접적인 경험에 주의를 둔다.
생각들은 단순히 알아차림의 장(field)에서 일어나는 것으로 인
식된다. 이것은 부정적 순환이 생기는 것을 미연에 방지한다
(Teasdale et al., 1995). 마음챙김 기술의 반복적인 훈련을 통해 참
여자들은 새로운 "의도적 습관들"을 만들어 내는 내적 과정의 메
커니즘을 훈련한다. 이는 내적 과정의 자동적이고 습관적인 패

턴에 의한 것보다 매 순간의 경험을 자각하는 것을 통해 생겨난다. 이 새로운 반응의 레퍼토리는 한 사람의 기억의 일부가 되어 (Teasdale et al., 1995), 특히 그것이 필요할 때인 경미한 우울증 기간에 더 잘 접근할 수 있게 된다(즉, 이러한 패턴이 주요 우울증에 통합되기 전에).

(2) 재발과 관련된 잠재적 심신 과정을 인지하고 더 잘 알아차리기

MBCT에서 마음챙김 알아차림의 개발은 기본적으로 직접적 경험을 통해 "마음놓침(mindlessness)"의 습관적 패턴의 영향을 참여자들이 명확히 알고 밝히는 데 초점을 둔다. 특히 참여자들은 마음의 일반적 패턴과 습관, 자동조종 상태 및 반추 사고의 순환에 휘말리는 특정한 경향을 목격하게 된다. 참여자들은 이러한 패턴을 더 명료하게 볼 수 있게 된다. 그들은 일반적인 괴로움과 우울해지는 경향성을 촉발하고 유지하는 데 무심코 협력하는 방식으로 적응해 왔다.

(3) 우울과 연관되거나 그렇지 않은 모든 경험에 새로운 방식으로 접근하기

참여자들은 현재 순간의 실재에 대한 수용과 그것에 주의를 기울이는 것인 존재 모드의 마음챙김으로 전환함으로써 우울과 연관되거나 그렇지 않은 모든 경험에 대한 새로운 처리 방식으로 접근하고, 또는 그것들과 "함께 있을 수" 있게 된다(Teasdale,

1999, 2006). 첫 번째 학습 영역에서 언급한 바와 같이 세부적인 신체 감각들에 대한 마음챙김은 부정적 사고를 유지시키는 데 필요한 "연료"를 감소시킨다. 더 나아가 부정적 사고 패턴에 습관적으로 초점을 두는 것을 방해하여 새로운 "마음의 모드"로 나아가게 한다. 이는 우리가 근본적으로 다른 방식으로 경험할 수 있는 가능성을 열어 주며, 따라서 새로운 학습과 관점이 생기도록 한다. 이것은 "행위 모드"에서 "존재 모드"로의 전환으로 설명될 수 있다(Segal et al., 2002).

이러한 "마음 모드"의 전환은 참여자들이 존재 경험에 대해 다른 관점, 즉 "다른 위치"에서 관여하도록 만든다. 경험을 바라보는 새로운 방식에는 우리의 정체성을 만드는 데 경험이 필수적이지 않다는 것을 아는 것이 포함된다. 이런 방식에서는 신체적 고통이건 고통스러운 감정이건 또는 부정적 생각이건 경험의 어떠한 측면에서 어려움이 생기든 이를 지금 이 순간에 우리 경험의 한 측면으로 볼 수 있게 된다. 이것은 그 어려움을 모든 것이 포함된 경험으로 보는 것(이러한 관점은 다른 모든 것에 대한 알아차림을 없애고, 자기 정체화하는 방법이 된다)에서 한 사람의 삶이라는 "태피스트리"와 삶의 흐름의 일부로 보는 것으로 인식의 변화를 일으킬 수 있다. 이를 통해 우리는 어려움을 덜 개인적으로 받아들이고 더 가볍게 여길 수 있게 된다. MBCT 참여자들은 "탈중심화된" 특정한 관점에서 경험과 반추적 사고 패턴에 관여하는 법을 배운다. 그들은 자신의 경험 속에서 보기보다는 경험에 대해 볼 수 있게 된다. 생각 속에서 길을 잃거나 그 내용에 갇히는 대신 그것들을 넓은 관점에서 보는 것이 가능해진다.

새로운 "존재 모드"에서 작동되는 또 다른 핵심적 측면은 참여자들의 매 순간에 대한 직접적인 알아차림이 삶의 결정과 행동에 영향을 미칠 수 있게 된다는 점이다. 따라서 참여자들은 적절한 행동을 선택하고 자신을 지혜롭게 보살피는 데 마음챙김 알아차림을 사용할 수 있게 된다. 그러므로 현재 순간에 "함께 하는 것"과 그것에 현명하게 반응하는 것 사이에 명백한 학습적 연결이 있다.

(4) 경험의 힘든 측면과 그렇지 않은 측면 모두로 향하고 친해지고 관여하기

MBCT의 핵심 요소인 네 번째 학습 영역은 즐겁거나 괴롭거나 혹은 그저 중립적인 경험 전체로 "향하는(turning towards)" 훈련이다. 이는 재발의 핵심 원인으로 알려진 괴로운 감정에 대한 경험적 회피를 바꾸거나 그에 대한 대안을 제공한다. 이러한 "향하기" 능력은 참여자들이 자기 경험의 전개에 관심과 호기심을 발달시킴으로써 촉진된다. 참여자들은 자신의 경험에 따뜻함과 친절함 그리고 자비를 불어넣는 관심의 자세를 배운다.

MBCT 교육의 첫 걸음은 멈춰 서서 명확히 보는 것이다. 이에 참여자들은 힘든 감정을 회피하는 습관적 패턴을 인식하는 것을 배운다. 그들은 경험, 특히 이러한 어려움에 내적 경험에 대한 수용과 친절함 그리고 호기심을 특징으로 하는 태도 틀을 가져오는 것을 배운다. 이를 통해 참여자들은 어려움에 관여하는 새로운 방식을 경험하는 것을 배운다. MBCT는 참여자들이 습관적으로 자기를 비난하고 판단하는 것에서 자신의 경험에 대해 개방적이고 흥미롭고 따뜻하며, 수용적이고 자비로운 입장에 서도록 요청한다. 이것은 경험의 회피적 처리 방법에서 경험으로 확실하게 "향하는" 방법으로 전환하는 시작점이 된다.

[요약]

MBCT 참여자들은 마음의 "행위" 모드를 인식하고, 그것이 어떻게 힘든 마음 상태를 만들고 유지시키는지 이해하는 것을 배운다. 그들은 마음의 "존재" 모드에 관여하는 능력을 개발하고, 이를 통해 정서적 어려움에 접근할 가능성을 촉진하는 것을 배운다. 이후 제시되는 내용의 목표는 이 장에 요약된 MBCT 프로그램의 요소들을 더 자세하게 알아보는 것이다.

04

자동조종 상태의 중요성

우리가 실제로 있는 곳에 결코 있지 않을 수 있고,

우리 가능성의 충만함과 결코 접촉하지 않을지도 모른다.

(Jon Kabat-Zinn*)

대부분의 사람들은 생각에 기초한 공식이나 개념에 얽매이지 않고, 자연스럽게 지금 현재에 몰두하는 순간을 경험한다. 그러나 많은 경우, 늘 편견과 선입견이 대부분의 순간을 흐리게 한다. MBCT의 기반이 되는 마음챙김의 근거는 마음챙김 훈련에 의해 부여되는 기술에 달려 있다. 이는 습관적인 반추적 사고 과정과 연관된 자동조종 상태(automatic pilot)로부터 의도적으로 분리할 수 있는 것과 현재의 순간으로 주의를 되돌릴 수 있는 것으

---

* Kabat-Zinn(1994), *Mindfulness Meditation for Everyday Life*, New York: Hyperion, p. xiv.

로, 상황에 더 현명하게 반응할 가능성을 제공한다. 이 장에서는 우리가 자동조종 상태라고 부르는 마음의 상태, 자동조종 상태의 이롭거나 해로운 효과들 그리고 마음챙김 알아차림의 상태와 영향을 주고받는 방법을 탐색하는 것을 목표로 한다.

"자동조종 상태"는 의식적인 의도나 현재 순간의 감각적 지각에 대한 알아차림 없이 행동하는 마음 상태를 의미한다. 관련된 행동은 신체적이거나 정신적일 수 있지만 핵심 특징은 지금 순간을 잘 알아차리지 못하는 것이다. 자동조종 상태에서의 작업 능력은 인간 종(種)에서 매우 발달되어 있다. 비록 자동조종 상태가 정서적 괴로움에 대한 취약성을 만들지라도 우리에게 상당한 진화적 이점을 부여한다.

자동조종 상태의 진화적 이점

언급한 바와 같이 의식적 주의는 주어진 시간 동안 오직 한정된 양의 정보만 처리할 수 있다. 의식적 주의가 우리를 제한할 수 있다는 인상을 주지만, 자동조종 상태는 활동에 관여할 수 있는 우리의 능력이 한계를 넘도록 해 준다. 새로운 기술을 배우는 첫 단계는 가용할 수 있는 모든 주의를 요구한다. 우리가 그 기술을 익혀 감에 따라 점차 자동적으로 이루어지게 된다. 우리는 그 작업을 지속하면서 동시에 다른 곳에 주의를 둘 수 있게 된다.

뇌는 학습 체계이다. 신경세포들이 집합체가 되고, 그 집합체가 패턴이 되면서 뇌가 변한다. 새로운 신경세포들이 형성되고 그들 사이에 새로운 연결이 생겨난다. 그리고 서서히 전체 패턴의 점화 역치가 낮아진다. 우리가 과제를 학습하게 된 것이다.

(Williams, 2008)

익숙한 활동을 할 때는 다양한 요소에 의식적 주의를 둘 필요가 없기 때문에 우리는 지극히 복잡한 일도 동시에 수행할 수 있다. 자동조종 상태에서 운전하기, 걷기 또는 타자치기와 같은 실제적인 신체 활동을 수행하는 능력은 중요하고 적응적인 기술이다. 그러나 자동조종 상태에서 정서적 경험을 처리한다면 해로운 영향이 발생한다.

자동조종 상태로 인한 취약성

복잡한 과제를 배우는 능력과 관련해서 우리는 고도로 발달된 문제 해결 기술을 가지고 있다. 숙고하고 분석하며 사고 과정을 과거에서 미래로 옮길 수 있다. 또한 과거의 경험에서부터 배우고, 미래에 적용할 수도 있으며, 원하는 것과 현재 상태 간의 차이도 관찰할 수 있다. 이와 같은 인지적 "행위 모드" 기술은 삶의 많은 문제를 해결하기 위한 중요한 기초이다.

실제 활동들이 자동조종 상태의 목록에 포함되어 가는 방법과 마찬가지로 습관적 문제 해결의 사고방식 또한 자동적이 된다. 생각하는 마음은 의식적 알아차림을 넘어서 우리의 내·외적 경험에 대해 판단하고 관찰하며 문제를 해결하는 데 자주 관여한다. 이러한 분석적 문제 해결 기술은 우리 삶의 많은 부분에서 이롭지만, 고통스러운 정서적 경험과 관련될 때는 사실 우리의 어려움을 증가시킬 수 있다.

마음의 반추적 행위 모드에서 행해지는 대부분의 활동은 알아차림 밖에서 벌어지고, 정서적 경험에 끼치는 영향은 파국적일 수 있다. 그것은 마치 한 정류장에서 기차에 오른 뒤, 무슨 일이 일어나는지 인지하지 못한 채 멀리 끌려가는 것과 같다. 어느 순간 우리는 "정신을 차리고" 현재 순간을 다시 알아차리게 된다. 기차에서 내리면 우리가 느꼈던 (감정의) 풍광은 매우 다를 수 있다. 자동적으로 행해지는 경험의 처리 방식이 너무 습관적이기 때문에 우리는 늦기 전에 깨닫지 못하여 기분이 저하될 수 있고, 결국 우울증이 재발한다.

잠재적인 우울증 재발과 자동조종 상태 간의 연결과 관련해서 기분 저하의 가능성을 증가시키는 활동들이 있다.

- 마음이 습관적으로 움직이면 반추적이고 회피적인 처리 방식을 포함할 가능성이 높다. 그렇기 때문에 개인은 내·외적 경험에 반응하는 방법을 의식적으로 선택할 수 없다.
- 마음의 활동들은 즉시 알아차리지 못한 채 개인의 정서적 경험에 영향을 미친다.
- 현재 순간에 대해 좁고 제한된 알아차림을 하기 때문에 이용 가능한 선택의 폭을 인식하지 못한다.

마음챙김 알아차림과 자동조종 상태

현재 순간의 경험에 의도적으로 마음챙김 알아차림을 하는 상태는 자동조종 상태와 완전히 상반된다.

- 마음이 어떤 것에 "사로잡히는 것"이 아니라 선택한 대상에 의식적으로 주의를 기울이고자 한다.
- 개념적인 것에 몰두하기보다는 그 순간의 물리적인 것에 대한 직접적인 감각 경험에 관여한다.
- 경험에 대해 분석하고 판단하기보다 전반적으로 개방적이고 수용적인 태도를 취한다.

결정적으로 마음챙김 훈련은 문제적인 마음의 패턴을 없애는 노력을 포함하지 않는다. 이러한 것은 오직 그것들을 더 강화시킬 뿐이다. 5장에서 논의될 것이지만, MBCT가 목표로 하는 문제적인 마음의 자동조종 패턴은 마음의 행위 모드에서 생겨나고 지속된다. 여기서 생겨난 모든 전략이 처리의 "행위" 양식을 더 확산시키는 데만 기여하고 있다는 점에서 이 같은 마음 모드가 효과적일 수 없다는 것이 분명해진다. 따라서 MBCT는 참여자들에게 마음의 "존재 모드"에 접근하고 그 속에 머무를 수 있는 훈련을 제공하며, 지금 현재 순간의 실제적 경험에 수용과 친절함으로 관여하는 방법과 함께 더 온전하게 존재하는 방법을 가르친다.

[요약]

자동조종 상태는 순간에 떠오르는 경험에 직접 "접촉하지 않는"다. 이런 식으로 계속 "접촉하지 않는" 것의 결과는 실제 현실과의 단절과 그에 따르는 내적 현실의 생성과 확산이다. 자동조종 상태는 우울증을 겪어 본 적이 있는 사람들이 행위 모드 및 반추적이고 회피적인 처리 방식을 하게 하고, 의식적인 알아차림을 하지 못하게 한다.

05

마음의 모드: 행위

    MBCT의 기본 전제는 경험이 처리되는 데 두 가지의 마음 모드—행위(doing) 모드와 존재(being) 모드—가 있다는 것이다. MBCT를 통해 학습된 주요 기술은 어떤 마음 모드가 운용되는지 인식하는 것과 의식적으로 하나의 모드에서 벗어나 다른 모드로 능숙하게 들어가는 기술을 익히는 것이다. 마음이 행위 모드에 지속적으로 머무르는 경우, 잠재적으로 발생하는 문제들은 특히 우울할 때 두드러지지만 모두에게 친숙하다.

행위 모드의 특징들

    상황이 어떤 상태인지에 대한 생각과 그것이 우리가 원하는 혹은 원하지 않는 상태인지에 대한 생각이 일치하지 않을 때 "행위 모드"로 들어간다(Segal et al., 2002). 기본적으로 행위 모드는 다음과 같은 상황에서의 목적 지향적인 전략과 관련된다.

- 원하는 상태와 현재 경험되는 상태 사이의 차이를 줄이려고
  할 때 (우리가 원하는 방향으로 움직이려 할 때)

또는

- 원하지 않는 상태와 현재 경험되는 상태 사이의 차이를 유
  지하려고 할 때 (우리가 원하지 않는 것에서 멀어지는 방향으로
  움직이려 할 때)

원하는 것으로 향하거나 원하지 않는 것에서 멀어지려는 노력
은 현재 상태에 대해 지속적이고 전반적인 불만족감을 만들어
내고 또 그것에 의해 움직인다.

행위 모드는 기본적으로 개념적이고, 사고에 기반한 경험 처
리 모드이다. 직접적 경험과 "같이 있기"보다는 "그것에 대해 생
각"한다. 마음 모드에서 "통용"된 생각들은 우리의 현실이 되며,
그것들이 사실이라는 전제하에 경험과 세상을 판단하고 행동을
결정한다. 주의(attention)는 주로 과거 또는 미래에 속해 있다.
"느껴진" 내적 경험과 세상에 대한 경험에 접촉하지 않는다. 움
직일 때 혹은 가만히 있을 때도 우리는 행위 모드일 수 있다. 행
위 모드는 우리가 "하고 있는 것"을 기술하기보다 우리가 내·외
적으로 떠오르는 것에 어떻게 관여하는지 기술한다.

경험 처리의 "행위 모드" 양식은 특정 "문제"가 해결될 때까지
계속 작동하도록 구성되어 있다. 일시적으로 다른 문제나 과제

가 우선순위가 될지라도, 마음에 틈이 생기는 대로 원래 문제로 돌아갈 것이다. 따라서 마음은 실제 상태와 원하는 혹은 원하지 않는 상태 사이의 차이를 좁히거나 유지하도록 하는 전략에 따라 계속 관여하는 쪽으로 작동된다(Williams, Teasdale, Segal, & Kabat-Zinn, 2007b).

이렇듯 "차이를 기반으로 하는 처리" 전략인 행위 모드는(Segal et al., 2002) 우리의 웰빙이나 생존에 있어 중요하다. 사고 과정을 과거나 미래로 이동할 수 있는 인간의 기술은 진화적 이점을 부여한다. 우리는 숙고하고 문제를 해결하고 분석할 수 있으며, 과거로부터 배우고 미래에 적용할 수 있다. 차이를 관찰할 수 있는 능력은 우리가 고등의 문제 해결자가 될 수 있게 한다. 목표 지향적인 것은 과제를 지속하고 그것들을 개선할 수 있도록 한다. 이러한 인지적 기술들은 우리 문화에서 상당한 가치가 있다. 생각과 개념화에 점차 능숙해지면서 우리는 종종 다른 방식으로 경험하기를 배제한다.

[요약]
마음의 행위 모드의 주요 특징들은 다음과 같다.

- 목표 혹은 문제 지향적이다.
- 순간의 직접적인 감각 경험에 접촉하기보다는 경험에 "대한" 개념과 생각들에 주의가 사로잡혀 있다.

- 주의는 과거나 미래에 대한 생각에 우선순위를 둔다.
- 수용하지 않는다. 어떻게 되어야 하는지에 대해 지각된 감각에 반하여 마음이 경험을 면밀히 조사하고 있다. 지금 상태와 다르게 만들려고 애쓰는 것에 초점을 둔다.

실제적 과제나 문제를 접했을 때는 처리의 행위 모드 양식이 매우 적합할 수 있다. 그러나 다양한 삶의 영역에서 이익을 주는 잘 발달된 행위 모드 전략이 정서적 경험에 관련되면, 사실상 우리의 괴로움과 어려움을 증가시키는 데 기여할 수 있다. 6장과 7장에서는 각각 해로운 정서 처리 방법을 생성하는 행위 모드의 주요한 측면인 반추와 경험적 회피를 살펴볼 것이다. 그 후 마음의 "존재 모드"를 통해 전혀 새로운 시각에서 힘든 감정들에 접근하는 방법을 알아볼 것이다. 그것은 악순환에서 벗어나는 방법을 발견할 수 있게 하고, 경험으로부터 멀어지기보다는 경험으로 향하게 할 것이다.

06

행위 모드의 발동: 반추의 결과

프로그램 과정은 내 마음이 하고 있는 것을
알아차리는 데 도움을 주었다.
나에게 소중한 경험이었다.
이전에는 내가 깨닫지 못한 채, 내 생각이 내 삶을 운전하고 있었다.

(Keith, MBCT 참여자)

MBCT의 이론적 기반은 마음의 행위 모드에서 비롯된 행동들이 재발과 관련된 반추 사고 및 경험적 회피 과정(7장 참조)과 어떠한 방식으로 관련되어 있는지 그리고 어떻게 지속되는지를 설명한다. 반추는 분석과 문제 해결 과정을 통해 힘든 감정을 다루려는 시도이다. 문제를 해결하거나 없애려는 의도를 가지고 바라고 요구하고 기대하고 두려운 것들에 대해 "무엇인지"를 관찰하는 목적으로 움직이는 개념적 과정이다. 5장 끝부분에 요약된 행위 모드의 주요 특징들은 반추에도 해당된다.

일반적으로 반추적 사고방식을 지닌 사람들은 자신의 경험을 개념화하고, 감정적 "문제"에 대한 해결책을 찾고, 왜 그렇게 느껴지는지 분석하느라 상당한 시간을 소모한다. 반추적 사고 과정의 내용은 대체로 자기 자신 및 자기 비난적 내용과 관련된다. 예를 들면, "내가 왜 이렇게 느끼지? 왜 문제가 생겼지? 왜 맨날 나에게 이런 일이 생기는 거지? 난 왜 이렇게 쓸모없는 종류의 인간인 거지?" 등이다. 우리가 반추적 사고방식을 통해 자기 자신 및 세계와 관계를 맺는다면 우리의 "현실"은 이 같은 생각이나 개념의 내용들이 될 것이다. 따라서 우리는 경험의 실제로부터 분리되고 우리의 내부 및 외부에서 일어나는 일에 대한 알아차림을 잃어간다. 만약 이 상태에서 스스로 부적절하고 쓸모없다고 여기게 되면 이러한 생각들이 현실을 정확히 반영했다고 여기게 된다. 생각, 감정 및 신체 감각과 같은 경험의 측면들은 좋거나 혹은 나쁘다고 판단된다. 이것은 그 자체로 현실을 더 지속시키고, 나쁜 것을 없애고 좋은 것에 매달리는 행동을 자극한다. 비난하고 판단하며, 반복적으로 순환하는 생각을 하는 경향이 있다. 진흙에서 바퀴가 돌아가는 것과 유사하게 반추적 사고의 순환으로 우리는 낡고 습관적인 정신적 홈이나 바퀴 자국 속으로 더 깊게 빠지게 된다.

반추와 정서

행위 모드는 우리가 원하는 것과 맞지 않는 경험 및 바꾸고 싶은 세계의 측면들에 관여하고 바꾸려고 시도하는 데 민감하게 구성되어 있다. 예를 들어, 편지를 부치는 것처럼 문제가 외적인 것일 때 행위 모드는 우리에게 해야 할 일이 있음을 일깨워서 우체통에 가도록 하며, 편지를 우체통에 넣고 난 뒤에야 이에 대한 신경을 끄게 된다. 그 결과는 세상이 바뀐 것이다. 행위 모드는 그 역할을 해냈다. 그러나 씨름하고 있는 "문제"가 슬픔이나 불행을 경험하는 것일 때는 그 결과가 의도대로 되지 않고, 불행하게 된다. 반추적 행위 모드를 통해 슬픔이나 불행을 "해결"하려고 시도한 결과, 우울증으로 이어지는 취약 요인을 만든다.

불행 같은 힘든 감정에 이 같은 처리 방식을 적용하는 것을 잠시 생각해 보자. 마음은 원하는 상태(행복)와 현재 상태(불행) 간의 부조화에 집중된다. 반추의 바퀴가 돌아가기 시작한다. 지금의 경험에 대한 개념과 함께 "갈구하는" 평화로운 이미지가 마음속에 떠오르며, 슬픈 기분의 결과인 두려운 기억(과거 우울증)이 더해진다. 지금의 경험과 이 "두려운" 혹은 "갈구하는" 경험 사이의 간극은 (원한 것과 관련해서) 격차를 줄이는 혹은 (원하지 않는 것을 피하는 것과 관련해서) 유지하는 목표가 어떻게 진행되는지 알기 위해 지속적으로 관찰될 것이다. 가장 원하는 것의 이미지인 마음의 평화는 슬픔의 경험과 함께 주변이 상당히 불만족스럽다는 느낌을 만들어 내며, 이 자체로 슬픔을 증가시킨다. 가장 원하지 않는 것의 이미지인 우울증은 이 느낌이 더 나빠지지 않을 거라고 확신하기 위해 노력을 강화해야 한다는 느낌을 만들어 낸다. 반추적 사고 과정을 통해 문제 해결을 위한 더 큰 노력을 들이게 되며, 이러한 순환을 지속시키는 불행한 결과를 가져온다(Williams et al., 2007b). 역설적이게도 지금 진짜 문제는 원래의 슬픔이 아니다. 문제는 우리가 힘든 감정을 다룰 때 때때로 유발되는 행위 모드에서의 반추적 사고 전략에 의한 당황과 절망의 고조이다.

[요약]

반추는 정서적 "문제"를 해결하고자 하는 시도에 의해 나아간다. 기본적으로 힘든 경험들에 대한 장기적인 해결책은 없다. 그것은 지속적으로 변화하는 인간 존재의 경험 중 한 측면이다. 우리의 정서적 삶은 해결해야 할 문제가 아니지만, 마치 그런 것처럼 사는 경향이 있다. 반추적 문제 해결 모드로 힘든 감정을 다루려는 시도는 실패할 수밖에 없다. 슬픔은 그 자체로 문제가 아니며, 인간 존재에 내재된 부분이다. 그러나 우리가 그것을 "고치거나" 조작하거나 싸워서 회피하려고 한다면 지나가는 슬픔이 지속되는 불행으로 이어질 수 있다.

07

행위 모드의 발동: 경험적 회피의 결과

슬픔처럼 원하지 않는 감정을 피하는 반응은 불행이나 우울증의 지속으로 이어질 가능성이 있는 흐름의 첫 단계이다. 피하는 반응의 주요한 결과는 경험적 회피이다. 경험적 회피는 우리의 생각, 감정 및 신체 감각과 접촉을 하지 않으려는 시도이다. Hayes, Wilson, Gifford, Follette 및 Strosahl(1996)은 내적 경험을 회피하려는 시도가 많은 심리적 문제 및 그것을 유지시키는데 관여하는 공통적인 과정이라고 제안했다. 한편, 스펙트럼의 다른 쪽 끝에 놓인 (치료자와 내담자 모두의) 경험에 대한 높은 수준의 접촉은 치료의 좋은 결과들과 정적인 상관이 있다. 명상을 통해 그간 회피해 왔던 것을 직접적으로 경험하도록 "조율하는(tune into)" 기술을 발달시키는 것이 MBCT의 독창적 특징이다(Williams et al., 2007b).

불쾌함을 피하는 본능

우리의 자연스러운 생존 과정 중 결정적인 부분은 불쾌한 감정을 피하는 반응이다. 우리는 당연히 다가오는 차나 돌진하는 황소와 같은 위험을 피하거나 도망가도록 되어 있다(Williams et al., 2007b). 그러나 원하지 않는 감정이나 부정적인 생각 또는 힘든 신체 감각과 같은 내적인 위협 신호를 똑같이 피하는 것으로써 우리의 웰빙은 증가하지 않는다. 그 대신 원래 있던 시련의 맨 꼭대기에 어려움을 더할 뿐이다. 내적 경험에서 도망가려는 시도는 헛된 것이다. 결국 우리는 여전히 우리 자신 및 경험과 함께 살아가야 하기 때문이다. 원하지 않는 내적 경험과 겨루고 싸우고 없애려는 경향은 마음에 "전쟁터"를 만든다. 마음챙김은 이러한 분투에서 벗어날 수 있는 방법을 가르친다.

원하지 않는 감정 경험을 회피하는 습관적 패턴은 모두에게 어느 정도는 친숙한 인간의 보편적인 경향이다. 만성적인 고통이라는 감정이나 기분을 경험해 본 적이 있는 사람들에게 내적 경험에서 도망치고 회피하고자 하는 소망은 당연한 것이다. 그러나 이는 힘든 경험에 대한 원했던 억압이나 단절을 만드는 것이 아니라 전반적인 단절을 만들어 낸다. 좁고 갑갑한 곳에 가라앉은 느낌이다. 이는 힘든 경험에 지혜롭게 대응할 수 있는 능력을 감소시킨다. 또한 앞으로 보게 될 8장의 내용처럼 친절함, 흥미, 존재감, 따뜻함과 같은 적응적인 접근 행동들을 막는다.

회기 내에서 쾌, 불쾌 그리고 중립적인 것들이 모두 포함된 경험의 범위를 살펴보게 되지만, 불쾌한 경험에 대한 우리의 습관적인 회피 반응을 알아차리는 기술을 발달시키도록 하기 위해 MBCT는 편향적이 된다. 전에 논의한 대로 이는 특히 우울증 재발에 취약성을 증가시키는 반응의 고리들과 관련된다.

반추와 회피

반추는 경험적 회피와 복잡하게 얽혀 있다. 그것들은 모두 힘든 정서적 경험으로부터 도망치려는 시도에서 비롯된 전략들이다. 언뜻 보기에 반추는 현재 다루는 문제에 계속 관여하게 만드는 것처럼 보인다. 그렇다면 그 경험을 확실하게 피하기 위해서 어떻게 하는가? 경험적 회피 및 반추의 공통점은 둘 다 감정과 관련해 강렬한 감각을 느낀다는 두려움에서 발생하는 것이다. 이로 인해 점차 개념적인 근심 문제 해결 모드(반추)로 바꾸면서 감정을 다루게 된다. 이러면서 우리는 힘든 감정을 억제하거나 단절하는 것(경험적 회피)으로 "연막"을 치게 된다.

괴로움을 겹겹이 쌓는 데 연료가 되는 회피

Gunaratana는 "고통(pain)은 불가피한 것이지만 괴로움(suffering)은 그렇지 않다."라고 간결하게 표현했다(2002, p. 99). 그는 감정의 기본적인 고통(불가피한 것)과 이러한 고통을 피하기 위해 마음과 몸이 즉각적으로 위축되는 것은 명백히 다르다는 전제를 지적했던 것이다. 이것은 불교 철학의 핵심이기도 하다. Welwood(2000)는 우리가 일차적 어려움에 습관적으로 더하는 괴로움의 층(layer)을 언급했다. 이는 회피와 부인(denial)에

바탕을 둔 것을 추구함으로써 생기는 장기적 스트레스에 관련된 결과물이다. 기본적으로 MBCT 프로그램에서는 수용을 매우 강조하는데, 그 반대인 회피가 상당히 위험하기 때문이다(Segal et al., 2002). 마음챙김 훈련은 습관적인 회피 패턴을 분명하게 볼 수 있도록 하는 훈련 과정이다. 이를 통해 감정의 기본적인 고통에 우리가 "추가하는 것"을 줄이는 것을 배울 수 있다. 따라서 MBCT의 기본 전제는 고통이란 삶의 "태피스트리"의 한 부분이며, 이러한 현실을 회피하는 것이 정서적 어려움을 만들어 낸다는 것이다.

[요약]

자동조종 상태에서의 반추와 직접적 경험에 대한 회피는 우울증을 재발시키는 취약성 요소와 서로 연관되어 있다. 이러한 복합물의 특정한 결과들은 다음과 같다.

- 반추적 사고 과정은 원하지 않는 감정을 없애기 위해 애써야 하는 "문제들"이라고 명명한다. 애쓰는 것이 충분히 성공하지 못하면 기분 저하의 나선을 촉발하고 유지시킨다.
- 힘든 것에 대한 **경험적 회피**는 분투와 긴장의 층을 부가하고, 처리되지 않은 사안들이 저장되는 장소를 만들게 된다.
- 마음이 생각에 사로잡혀 있고, 이에 더해 경험을 피하려는 욕구가 있기 때문에 현재 순간의 감각적 경험에 대한 알아차림은 파

편화되어 있거나 아예 없다. 이것이 자동조종 상태에서 일어나는 경험의 처리이다. 경험은 점차 "좁아지고", 우리의 관점은 제한된다. 이 상태에서는 삶의 소소한 아름다움과 기쁨을 보고도 감사하지 않게 되고, 더 나아가서는 겪고 있는 시련들이 더 악화될 수 있다.

08

경험에 대한 자동 반응과
숙고 반응: 회피와 접근

경험적 회피의 습관적 패턴은 우울증을 촉발시키고 지속시키는 핵심 항목 중 하나이다. 따라서 경험으로 향하게 하거나 "접근하는" 것을 선택해서 이러한 패턴을 알아차리고 의도적으로 변화시키는 학습을 강조하는 것이 MBCT의 독창적 특징이 된다.

접근 및 회피 모드

인간의 뇌는 두 개의 상호 억제적 형태로 구성되어 있으며, 이는 내재된 생존 본능에 의해 촉발되지만 마음 훈련을 통해 수정될 수 있다(Davidson, Kabat-Zinn, & Schumacher, 2003). 이 구성 형태 중 하나는 회피 모드(mode of avoidance)로, 신체적 회피나 방어적 공격같이 위협이나 자기보호 행동을 취할 필요에 의해 촉발된다. 이는 지각된 위협에 대해 싸우거나 도망가는 것과 연관된 전체 시스템인 투쟁-도피(fight-flight) 반응을 포함한다. 회피 모드는 다가오는 차를 보고 펄쩍 뛰어서 비키는 것 같은 신체 반응이 필요한 경우 촉발될 수 있다. 또한 신체 반응이 적절하지 않은 상황일 수도 있는데, 아침에 무기력하게 일어나는 것처럼 꼭 위협으로 지각되는 것은 아니다. 회피는 좌측보다 우측 전두엽의 활성화와 관련된다. 또 다른 구성 형태는 접근 모드(mode of approach)로, 경험에 다가가거나 그것을 반기거나 혹은 경험에 개방적이 되는 움직임이다. 접근은 우측보다는 상대적으로 좌측 전두엽의 활성화와 관련된다. 접근과 집착의 중요한 차이점이 있는데, 접근은 우리의 모든 경험에 공평하게 다가갈 가능성을 가지고 있는 반면, 집착은 "긍정적인" 것이 끝났을 때의 실망과 좌절에 의해서 일어난다.

접근 및 회피 모드에서 작동되는 뇌의 활성화 패턴에 대한 Richard Davidson의 연구*에서 참여자들에게 부정적인 기분을 유도했을 때조차도 마음챙김 훈련이 접근과 관련된 좌측 전두엽의 활성화를 증가시켰다고 확실히 밝혀졌다. 마음챙김 기술은 사람들이 즐겁거나 불쾌한 경험을 있는 그대로 기꺼이 개방적으로 접근하도록 한다. 경험에 대한 접근 모드의 결과로 내·외적인 사건들에 대해 무심결에 자동적으로 반응(react)하기보다는 의식적으로 숙고하여 반응(respond)할 기회가 훨씬 더 많아진다. 여기서 중요한 전제는, 만약 우리가 신체 감각, 생각 및 감정들의 자연스러운 변화나 흐름을 경험하는 데 더 개방적이 된다

---

* Davidson 등(2003)은 생명공학 회사 직원들에게 8주간의 MBSR 프로그램을 실시하고 효과를 연구하였다. 8주간의 프로그램에 참여한 집단의 뇌영상 이미지는 통제 집단에 비해 상대적으로 좌측 전두엽의 활성화가 증가되었다.

면 기분에 의해 덜 휘둘리게 된다는 것이다.

경험에 다가가는 접근 모드 능력의 개발

마음챙김 훈련은 어떻게 우리가 접근 모드에서 움직이는 것을 배우도록 도울까? 몸은 감각적 인상을 받아들이는 과정에 지속적으로 관여한다. 그것이 즐거운지 불쾌한지 혹은 그냥 중립적인 "기분"인지 즉시 알게 된다. 마음-몸의 체계(mind-body system)는 이러한 것들에 대해 "접근" 혹은 "회피" 모드를 통해 생물학적 수준에서 본능적으로 반응한다. 이는 의식적 알아차림 이전에 일어난다. 그러나 우리는 이 시점부터 "접근" 혹은 "회피"로 나타나는 신체 감각에 주의를 기울이고 수용하는 것을 배울 수 있다. 이러한 감각적 경험의 알아차림을 통해 우리는 회피 패턴이 활성화되는 신호에 "조율할" 수 있게 된다. 안절부절못하는 것, 긴장 또는 위축되는 등의 감각에 친절하게 주의를 두는 간단한 행위는 종종 힘든 생각, 신체 감각, 감정 및 행동의 습관적인 저하 고리를 멈춘다. 그 찰나의 순간에 우리는 회피에서 접근 모드로 전환한다.

이 과정은 감각 정보가 인지되고 처리되는 방법을 재훈련하는 것처럼 여겨질 수 있다. 공식적이거나 비공식적인 마음챙김 훈련을 통해 우리는 즐겁거나 불쾌한 경험을 지각하면서 떠오르는 신체 감각을 알아차리는 것을 배운다. 또한 정확히 몸의 어느 부분에서 이러한 감각이 떠오르는지 인지하고, 이러한 감각과 관련하여 떠오른 감정과 생각을 인식하는 것도 배운다. 이 모든 것을 통해 우리가 경험을 지각하면서 습관적으로 부가하는 층들을 보는 법을 배우며, 세상을 볼 때 사용하는 특정한 "렌즈"가 무엇인지 인식한다. 이 렌즈는 현재의 경험에 대한 지각을 누적된 과거의 경험에 지속적으로 동화시키는 정신 과정에 의해 만들어진다.

자동 반응 대신 배우는 숙고 반응

마음챙김에 기반한 과정에서 강조되는 점은 우리 모두가 습관적으로 하는 자동 반응 경향을 명확하게 확인함으로써 숙고 반응을 능숙하게 할 가능성을 개발하는 것이다. 우리가 힘든 감정을 경험할 때 그것을 없애고 회피하려고 애쓰는 반응을 하는 것은 당연하다. MBCT 프로그램의 기본 근거는 이러한 습관적 반응들이 힘든 감정을 유지 및 악화시키는 패턴의 한 부분이라는 것이다. 경험을 회피하는 데 우리의 에너지를 쏟는 대신(여기에는 고군분투와 긴장이 포함되어 있다), 멈추고 있는 그대로 경험하는 것을 배운다. 따라서 지금 현재의 순간을 수용하는 것은 좀 더 현명한 숙고 반응을 선택하는 기초가 된다.

[요약]

이 장에서 설명한 회피 및 접근의 과정들과 그 결과 일어나는 자동 반응 또는 숙고 반응은 다음과 같이 정리된다.

- MBCT 참여자들은 신체의 감각 경험을 직접 지각하는 것을 배운

다. 이는 회피 신호의 조기 인식을 촉진한다. 불쾌한 경험에 대한 자동적 반응 패턴은 경험을 회피하는 처리 양식의 한 부분이 된다. 만약 우리가 회피 패턴이 활성화되어 있는 자동조종 상태에 머문다면 도움이 되지 않는 처리 양식으로 들어갈 위험이 있다.

● 마음챙김으로 이러한 회피 패턴의 활성화를 알아차리는 것은(친절하게 흥미를 갖는 것을 지향하는 것으로) 그것 자체로 접근 양식의 처리 과정으로 바뀐다.

● "그 순간의" 감각 경험을 더 폭넓게 알아차리고, 경험에 "접근하는" 것을 더하면 우리는 더 지혜롭게 반응할 수 있게 된다.

따라서 MBCT의 중요한 전제는 있는 그대로를 수용하고 허용하는 것을 포함해서 다르게 관여하는 첫 걸음이라는 것이다. 궁극적으로 우리는 수용을 통해 변화가 필요한 모든 것을 명료하게 볼 수 있다.

09

마음의 모드: 존재

지금 실제 일어나고 있는 것이 삶에서

정말로 중요한 것이라고 상상해 보라…….

고요함과 깨어 있음이 함께 존재한다.

당신은 진정 살아 있고 깨어 있다.

(Melissa Blacker*)

5장에서 설명했듯이 MBCT의 핵심은 마음을 다른 모드로 전환하는 것이다. 프로그램의 핵심 목표는 참여자들이 자신의 마음 모드를 인식할 수 있고, 의도적으로 다른 모드로 바꿀 수 있도록 하는 것이다. 이것은 순식간에 일어난다. 일상의 삶 속에서 "깨어 있을" 수 있는 능력은 바닥에 닿아 있는 발이나 호흡의

---

* M. A. Bright 편저 *Holistic Health and Healing* 중 p. 105. Melissa Blacker의 "명상".

감각에 대한 순간적인 알아차림의 형태로 나타날 수 있다. 그 순간 마음 상태를 지배하는 어떤 것에도 구애받지 않고 관점을 바꾼다. 우리는 무엇이 일어나고 있는지 알아차릴 수 있다. 다르게 생각하고 행동할 기회가 열려 있다.

이미 언급했듯이 우리가 행위 모드를 통해 힘든 감정을 다루게 되면 괴로워진다. 수립 계획을 짜는 것은 행위 능력을 통해 가장 잘 달성될 수 있다. 물론 우리의 "행위"에 "존재"의 자질을 불어넣을 수 있다. 이는 우리가 미래의 목표를 향해 나아가는 현재 매 순간의 과정에 머무르는 것과 그렇게 하기 위해 노력할 때 수용과 절제의 자질을 키우는 것을 촉진한다. MBCT의 암묵적 내용은 균형 있고 건강한 삶을 살기 위해 우리가 행위 모드와 존재 모드 둘 다 함양하고 알아야 한다는 점이다. 그렇게 된다면 우리는 매 순간 가장 필요한 것에 유연해지고 반응할 수 있다.

다수의 사람들 특히 서양인들의 경우 주로 행위 모드에서 살도록 훈련받고, MBCT의 목표인 문제적인 마음의 패턴이 행위 모드 내에서 발생하고 확산된다는 점을 고려하면 프로그램에서 참여자들에게 존재 모드에서의 경험을 촉진시키는 것이 강조된다. 이를 전달하는 중요한 방법 중 하나는 "존재"의 자질이 체화된 교육자를 통해서이다(30장 참조).

그렇다면 존재를 경험한다는 것은 무엇인가? 그것은 충분히 이해된 경험이어야 한다. MBCT의 교육법도 대체로 경험적이므로 이를 통해 참여자들이 "존재"의 경험을 맛보도록 할 수 있다. 참여자들이 직접적인 경험을 탐색하고, 일상에서의 어려움을 다룰 때 사용할 수 있는 새로운 가르침에 열려 있도록 돕는다. 언어적 표현의 제한이 있지만, 마음의 ".".의 핵심 특징을 나열하면 다음과 같다.

- 의도적으로 현재 순간의 경험에 주의를 기울인다.
- 보고, 듣고, 냄새 맡고, 느끼고, 맛보는 감각을 통해 세상과 직접적으로 접촉한다.
- 수용, 친절함, 흥미, 따뜻함, 너무 애쓰지 않음을 특징으로 하는 태도 틀 안에서 경험한다.
- 모든 경험은 알아차림의 장(場) 내에서 인식된다.

존재 모드 속에서 느껴진 경험은 내적 경험과 우리를 둘러싼 세계와의 연결성, 공명, 직접성 그리고 자기, 삶, 세계와의 다차원적 복잡성의 상호 연결의 한 부분이다. 순간의 경험이 즐겁든 즐겁지 않든, 마주하는 모든 것에 대한 친밀감이 있다.

경험과 밀접한 연결의 발달은 기쁨과 고통의 복합체이다. 프로그램 참여자인 Sally의 경험이 대표적이다. 그녀는 반복되는 우울증과 오랜 기간 싸우고 있다는 이유로 찾아왔다. 처음은 두 딸을 낳고 난 뒤 시작되었는데, 지금은 명확한 이유가 없다. 알아차림을 발달시킨 후 그녀는 새로운 방법을 통해 자발적으로 자신의 삶에 접촉할 수 있었다. 과거 그녀의 삶은 해야만 할 일들로 가득 차 있었지만, 지금은 아이들과 함께 학교로 걸어가는 순간이 얼마나 즐거운지 알게 되었고, 봄에 정원에서 서서히 자라나는 식물들이 얼마나 기쁨을 주었는지 재발견하게 되었다. 또한 몇 년 전 어머니의 죽음에 대한 고통을 처음으로 생생하고 강하게 느끼는 자신을 발견하기도 했다. 그녀가 경험했던 각각의 즐거움 아래에는 어머니가 그 모든 것에 함께 계시지 않는다는 깊은 슬픔이 있었다. 손주들이 예쁘게 자라는 모습이나 어머니가 주신 덩굴나무가 다시 꽃피우는 것도 함께하지 못했다. 프로그램에 참여한 몇 주 동안 그녀는 때로 북받치는 감정의 파도가 자신을 압도하는 것을 느끼기도 했다. 이런 식으로 그녀는 "어떤 것"에 점차적으로 마음을 열었고, 단절되어 있었던 경험의 측면과 자신을 부드럽게 연결시켰다. 이는 내적으로 고통스러운 과정이었으나 Sally는 충분히 애도할 수 있다는 커다란 안도감을 느꼈다. MBCT 프로그램의 교육 과정은 이 어려운 일이 벌어질 수 있는 공간을 제공하려는 것이다.

존재 모드의 함양

"존재 모드"를 경험하고 함양하기 위한 방법은 마음챙김 명상 훈련을 통해 알아차림과 수용을 발달시키는 것이다. 이 과정에는 고요 또는 "집중(concentration)"** 훈련과 "통찰(insight)" 훈련의 두 가지 측면이 있다. 이 두 가지 훈련은 교육 전체에 녹아들어 있는데, 프로그램의 전반부에서는 마음을 고요하게 하고 안

---

* 여기서 '집중'이라는 말은 애써서 집중을 하는 행위라기보다 주의를 한곳에 모으고 가져오는 것을 의미한다. 집중 훈련은 때로 "정좌" 훈련이라고도 한다.

정시키며 가다듬는 법을 배우는 것에 더 중점을 둔다.

　마음챙김 훈련을 위해 자세를 잡고 앉은 후의 첫 단계는 특정 부위에서의 호흡의 움직임에 주의를 두는 것처럼 몸 안에서 일어나는 구체적이고 실제적인 경험에 의도적으로 주의를 기울이는 것이다. 특정 부위에 세밀한 주의를 기울이는 것을 의도적으로 함양하는 것은 분석적 사고 과정(마음의 행위 모드)에서 분리되는 효과가 있다. 호흡에 초점을 두기 때문에 보통은 반추하는 데 쓰였던 주의력의 일부만을 점유하게 되고, 몸 안의 신체 감각을 직접적으로 인식함으로써 우리는 점차 경험의 다른 영역을 더 많이 알아차리게 된다. 마음을 가다듬고 안정시키는 것을 촉진하기 위해 공식적인 훈련의 대부분 기간 동안 이와 같이 협소하게 주의의 초점을 두는 것으로 시작한다.

　두 번째 단계는 호흡 감각에 의도적으로 주의를 기울이면서 동시에 무엇이 일어나는지 조사하고자 하는 의도를 갖는 것이다. 이런 식으로 주의를 모으면서 우리는 자신의 마음과 관계를 맺는다. 마음속 패턴을 눈치챌 수 있는 기회를 만든다. 즉, 마음이 자동적인 습관으로 움직이는 방법, 발생한 태도 및 순간의 직접적인 경험에 층을 쌓는 방식 등이다. 우리는 점차 마음을 있는 그대로 알 수 있게 된다.

　물론 우리가 이런 식으로 훈련하면 일상에 나타나는 모든 경향성, 습관 및 분투가 우리에게 보일 것이다! 행위 모드가 반복해서 자꾸 나타나려고 할 가능성이 있다. 우리는 삶에서 다른 무엇보다 더 쉽게, 그저 우리의 주의를 다시 호흡에 돌려놓는 "프로젝트"를 만들 수 있다. 기본적으로 초대란 마음이 호흡처럼 선택된 주의의 대상에서 벗어날 때마다 그것을 보도록 하고 돌아오도록 하는 것이다. 우리는 마음이 호흡에 계속 머물도록 애쓰지 않는다. 마음이 자동적인 습관 패턴을 배회할 때마다 더 자주 깨어 있는 것과 그 패턴의 이 같은 경향성을 인식하는 것을 배운다.

우리는 이 과정을 운동할 때의 체력 단련에 비유할 수 있다. 마음을 선택한 대상으로 다시 그리고 또 다시 가져가는 과정에서 우리는 주의(attention)의 "근육"을 단련하고 있다. 이런 방식으로 계속 훈련하면서 우리는 점점 더 큰 알아차림의 지속성에 접근할 수 있게 되는데, 그것은 경험의 일어남과 "함께 있는" 경험이다. 알아차림은 매 순간 항상 존재한다. 분석, 판단, 비교, 기억, 예측 및 계획하는 모든 마음의 활동에 의해 시야가 간단히 가려진다. 이 각각은 삶의 많은 일을 처리하는 데 매우 중요하지만, 그것들은 불필요하고 도움이 되지 않을 때에도 마음을 지배하는 경향이 있다.

[요약]

참여자들은 매 순간 "마음의 기어"를 바꿀 수 있는 가능성을 함양하기 위해 자신의 주의를 다루는 법을 배운다. 그들은 행위 모드에서 존재 모드로 언제 그리고 어떻게 전환하는지 알아차리는 것을 배운다. MBCT 프로그램의 대부분 동안 참여자들은 마음의 존재 모드에 접근하는 수단을 제공하는 마음챙김 명상을 배우는 데 전념하게 된다.

10

몸의 감각-현재로 들어가는 문

우리의 감각을 느끼기 위해서 문자 그대로 그리고 은유적으로,

크게는 하나의 종(種)으로서 그리고 작게는 한 인간으로서 우리는

먼저 생물학적인 감각과 우리가 마음이라고 부르는 것이

일어나는 장소인 몸으로 돌아갈 필요가 있다.

(Jon Kabat-Zinn*)

마음챙김 훈련은 몸에서 일어나는 직접적인 경험과 함께하는 법을 배우는 것을 상당히 강조한다. 교육자의 도움으로 참여자들은 감각이 일어나는 몸의 정확한 장소를 식별하고, 감각 자체를 이야기하는 훈련과 대화에 참여하게 된다. 이는 직접적인 경험의 본질을 이해하고 다시 몸에 사는 것을 배우기 위한 출발점

---

* Kabat-Zinn(2005), *Coming To Our Senses*, New York: Hyperion, p. 10.

이다. 몸은 현재 순간의 직접적인 경험 중 가장 접근하기 쉬운
곳이다(Welwood, 2000).

　우리의 모든 생각, 감정, 말과 행동은 (우리가 알아차리든 아니
든) 우리 몸속의 경험을 통해 표현되는, 느껴진 의미에 의해 인
도된다. 잠시 멈추어 떠오르는 경험과 함께하고, 직관적으로 아
는 공간을 확보하는 것은 삶의 시련들에 접근하는 다른 방법을
제공한다. 말을 시작하기 전에 우리는 몸을 통해 "아는" 능력이
있었다. 언어에 기반을 둔 종(種)이 되기 위해 우리가 지불한 비
용은 우리의 경험에 이름을 붙이는 것인데, 이는 경험을 대상화
하고 경험 자체에서 분리시키는 수단이 된다. 우리가 감정과 자
신을 표현하는 데 언어적인 방법을 주로 사용하면서 몸 안으로
들어가고, 몸이 우리에게 드러내는 것이 직관에 어긋나는 것처
럼 느끼게 된다. 마음챙김 기반의 프로그램에서 진행되는 과정
중 하나는 이러한 전개 속에서 신뢰하는 법과 더 직관적이고 친
숙한 앎과 이해가 생길 수 있도록 하는 법을 배우는 것이다. 궁
극적으로 이같이 본능적인 방법을 통한 학습과 통찰은 우리의
사고 과정과 통합될 수 있고, 심지어는 언어적으로 설명될 수 있
다. 마음챙김 기반의 프로그램 내에서 이루어지는 대화는 느껴
진 감각을 통합된 학습으로 "변환"하는 것을 촉진한다. 하지만
처음에는 몸 안에 있는 것들의 흐름을 참을성 있게 경험하는 것
에서 시작한다.

　경험을 "느끼기" 위해 우리는 몸 안에서 그저 느껴지는 청각,
후각, 시각, 미각, 촉각 및 근육의 감각들을 통해 직접적으로 인

식하는 능력을 다시 학습한다. 직접적 경험에 대한 이 정도의 알아차림과 안목을 통해 우리는 매 순간 몸의 "바로미터"를 더 정확히 "읽어 낼" 수 있다. 즉, 우리가 경험하는 방법을 알려 주는 표지로 몸을 사용한다.

몸 안에 다시 사는 법 배우기

몸의 경험에서 물러서는 습관적 경향을 바꾸는 것은 도전적이고 고통스러운 과정이다. 우울증의 과거력을 지닌 많은 다른 사람과 마찬가지로 Denise는 몸 안의 감정을 느끼기보다는 그것에 "대해" 생각하는 것을 더 안전하게 느껴 왔다. MBCT 프로그램에서 다른 참여자들과 함께한 작업은 그녀에게 합리적으로 다가왔다. 그녀는 스스로 "접근을 막고 있는" 삶의 많은 부분이 있음을 알게 되었고, 이 부분들이 자신의 우울증을 지속시키는 것도 알게 되었다. 이를 다루는 것은 미뤄 놓은 그녀의 경험 일부를 하나씩 "되찾는" 고통스럽고 긴 과정이었다. 그것은 누워서 자신의 몸에 주의를 기울이는, 보기에 단순해 보이는 바디스캔으로 시작되었다. 그리고 이전에는 몰랐던 신체적 고통과 그녀 자신을 연결시켰다. 그녀는 몸이 습관적으로 긴장하는 것을 발견했다. 부드러워지고 개방적이 되면서 Denise는 오래된 슬픔을 느낄 수 있었다. 그녀는 경험을 무시해 온 수년간의 습관이 얼마나 뿌리 깊은지 알기 시작했다. 다른 이들과 마찬가지로 몸의 감각에 접근하기가 쉽지 않았고, 이를 배우기 위해 고군분투했다. 이는 시간과 부드러운 인내가 필요한 과정이다. 회기 중 교육자의 도움으로 이 과정에 머무를 수 있었고, 최선을 다해 작업할 수 있었다. Denise가 MBCT 프로그램에 참여해서 얻은 경험은 다른 형태의 심리치료에서 생길 수 있는 경험과 현저히 달랐다. MBCT 프로그램은 슬픈 일들이 그녀의 인생에서 어떻게 발생했는지에 대한 이야기에 머무르기보다는 매 순간 자신의 경험이 어떻게 일어나는지를 보도록 권장했다.

회피와 단절의 결과로 첫째, 감정적 경험의 처리가 불완전하게 되고, 둘째, 원하지 않는 감정을 계속 미루도록 노력을 기울이게 된다. 이는 긴장과 스트레스와 몸의 경직을 일으키는 부가적인 층을 만든다. 몸은 "마음으로 향하는 창문"으로 여길 수 있다. 몸을 통해 감정적 처리의 미해결 과제를 완수하는 치료 과정이 벌어질 수 있다(Segal et al., 2002). 몸의 경험과 함께 존재하는 것은 감정이나 그 감정의 기원을 "이해"하거나 "분석"하는 모든 시도와 상당히 다르다.

생각 및 감정과 함께하는 또 다른 방법

훈련이 진행됨에 따라 마음챙김 기반의 프로그램의 참여자들은 자신들의 생각이 신체 감각과 밀접하게 연결되어 있고, 본질적으로 감정이란 몸 안에 흐르는 감각과 생각 그리고 느낌의 집합체라는 것을 빠르게 이해하게 된다. 훈련의 목적은 생각과 감정 및 감각을 알아차림의 장에서 벌어지는 사건으로 볼 수 있도록 경험과 덜 동일시하는 것이지만, 이는 우리 경험 중 다른 것들에 비해 더 쉽게 다가오는 경향이 있다. 우리의 생각과 감정들

은 그것을 "나"의 측면으로 느끼게 하는 사적인 특성을 지니게 된
다. 몸으로 주의를 돌리고 생각 및 감정들이 신체적으로 어디서
그리고 어떻게 발현되는지 경험하는 것을 통해 그것들과 함께하
는 새로운 방법을 탐색하는 것은 굉장히 도움이 된다. 매 순간마
다 펼쳐지는 특정한 감각들과 함께하면 나와 내 경험 대한 이야
기에 빠져 버리게 될 기회도 더 적어진다. 몸은 생각의 흐름이나
감정에 의해 인식된 경험이 어떻게 느껴지고 처리되는지에 대한
흥미로운 정보를 드러낼 수 있다.

동맹으로서의 몸의 사용

2장에서 논의했듯이 몸은 우울증을 지속시키는 피드백 순환
고리의 일부이다. 우울증과 연관된 무거운 감각, 피로감, 축 늘
어진 자세나 근육의 긴장은 우울증 경험을 지속시키는 요인 중
하나가 될 수 있다. 이를 아는 것은 피드백 순환 고리의 방향을
반대로 돌리는 데 몸을 동맹으로 사용하는 법을 배울 때 몇 가
지 중요한 단서를 제공한다. 이것은 우리가 마음챙김 훈련을 하
는 자세를 취하는 것만큼 간단할 수 있다. 안정적이고 안착되어
있으며(grounded), 동시에 이완되고 열려 있는 바르고 품위 있는
자세를 취하는 과정에서 우리는 함양하고자 하는 자질을 체화
하고, 우리의 마음에 강력한 메시지를 보낸다. 우리는 스스로에
게 이완된 주의(attentiveness), 준비성, 기꺼이 함 그리고 가용성
(availability)이라는 태도를 전달한다.

[요약]

몸에서 직접적으로 경험하는 감각들은 경험을 보고 함께할 수 있는 또 다른 장소와 생각과 관련된 다른 유리한 위치를 제공한다. 마음챙김 훈련은 경험을 아는 직접적이고 직관적인 방법을 제공한다.

11

무엇인가에 접근하고 반기는 방법들

인간 존재는 게스트 하우스다.

새로운 도착이 있는 매일 아침.

기쁨, 우울, 비열함,

순간적인 알아차림이

뜻밖의 손님처럼 온다.

그 모든 것을 반기고 즐기자!

(Rumi*)

어려움에서 물러서는, 실제는 우리의 원하지 않는 감정들에
"레드 카펫을 깔아 주는" 본능적인 경향을 되돌릴 가능성을 탐

---

* Barks 등(1995)의 번역서 *The Essential Rumi*의 "The Guest House", San Francisco: Harper, p. 109.

색하는 일은 특히 MBCT 프로그램 후반부의 핵심 주제이다. 프로그램의 중간에 분명히 그 가능성을 알게 될 즈음까지 참여자들은 몇 주 동안 "그 무언가와 함께 있는" 훈련을 해왔을 것이다. 매일의 마음챙김 훈련에서 도움이 되지 않는 마음의 습관들을 수용하는 것을 천천히 함양하기 위한 훈련이었을 것이다. 원하지 않은 수많은 경험이 이 시기에 자연스럽게 떠오른다. 참여자들과 함께 나누는 (앞에서 제시한) Rumi의 "게스트하우스"라는 시는 우리의 어려움들에 계획적이고 의도적으로 "향하고(turning towards)", 그것들을 "초청하는" 것을 촉진함으로써 어떻게 하면 한 걸음 더 나갈 수 있는지를 알려 준다. 경험과 관련된 마음이 더욱 "접근" 모드에서 작동하도록 훈련하는 길을 따라 한 걸음 더 나아간 것이다. 이 장에서는 다음의 측면에서 MBCT 프로그램 중 고난을 수용하고 함께하는 법을 살펴본다.

- 수용의 "맛(flavour)"과 정신(spirit)
- 수용 안의 층(layers)
- 수용을 돕는 기초 학습
- 과정 속에 내재한 역설

수용의 맛과 정신

수용은 체념이나 포기와 헷갈릴 수 있다. 수용은 경험과 싸우기를 포기하는 것을 분명히 포함하고 있기에 저항과는 확연히 다르다. 이는 우리가 지금 현재 순간의 경험에서 도망가는(폐쇄

하는) 것보다는 그것으로 향하도록(열려 있도록) 한다. 이 안에서 우리는 즐겁거나 불쾌하거나 혹은 중립적인 경험들과 함께 존재하고 수용하는 것을 배운다. 즉, 우리의 경험에 대한 공평함을 발달시킨다. 우리가 그것들을 좋아하건 좋아하지 않건 알아차리게 된 채로, 기꺼이 있는 그대로 두도록 하는 의지를 함양하려는 목적이 있다. 그리고 우리의 경험 전체 중 단지 한 측면으로 "좋음"과 "좋지 않음"을 포함시킨다.

우리가 수용 과정에 가져오는 정신은 중요하다. 그것은 개방적인 특징을 지니는데, 우리의 경험에 사용할 수 있는, 기꺼이 하는 마음의 한 부분이다. 우리는 자기 자신과 경험에 대해 부드럽고 온화하며, 친절하면서 자비로우며 또한 존중하는 법을 배운다.

수용 안의 층

수용은 힘든 경험에 즉각적이고 거리낌없이 전적으로 문을 여는 것을 요구하지 않는다. 만약 압도적이라고 느껴지면 우리는 단지 "살짝 엿볼 수" 있고, 경험을 있는 그대로 두려고 할 때 일어나는 투쟁을 수용할 수도 있다. 이 모든 것 안에는 이것이 얼마나 힘든지, 우리가 고난과 취약함을 경험할 때 고난이 얼마나 뜨겁고 고통스러운지 그리고 우리 자신에게 향할 때 우리는 얼마나 예민하고 부드러워야 하는지와 관련된 우리 자신에 대한 이해와 연민이 있다.

MBCT 프로그램의 5주째 회기의 대화 동안 Doug는 어려움을 향해 다가가는 경험을 아주 생생하게 묘사했다. 그것은 회기의

시작 부분에 있는 정좌 훈련에서 일어났다. 이 훈련에서 교육자
는 참여자들에게 현재 어려움에 마음을 가져오고, 이 경험이 몸
안에서 어떻게 표현되는지 그 감각을 알아차리도록 요청했다.
Doug의 힘든 상황은 지난주 직장 상사와의 의견 충돌이었다.
그 일 이후 그의 마음속에서는 이 상황이 계속 휘몰아쳤다. 그리
고 자신의 분노와 죄책감에 갇혀 꼼짝 못하는 기분이 들었다. 이
것은 그가 그것에 대한 "느낌"으로 향하는 첫 번째 기회였다. 그
는 이 경험의 장소가 몸속 중심부에 있는 수축되고 "매듭지어진"
부분이라고 했다. 처음에 그는 호흡의 감각에 계속 주의를 기울
이면서 이것을 "보는" 데 많은 시간을 들였다. 이러한 감각에 개
방적이 되는 것이 어떨지에 대한 생각으로 그의 심장 박동이 증
가하는 것을 알아차렸다. 얼마 후 그가 묘사했듯이 그는 "발가락
을 물에 담갔다." 바디스캔 훈련에서 배웠듯이 호흡을 사용하면
서 자신의 주의를 이 부분으로 이끌었고, 매듭의 안쪽과 주변에
있는 감각들을 탐색하며 매듭의 날카로운 부분을 자각하는 데
오래 머물렀다. 이렇게 하면서 그는 이러한 "매듭"과 수축의 모
든 감각을 발견했다. 거기에는 흥미롭게도 흐르는 느낌의 "덩굴"
로 된 묶음이 있었다. 그 순간 그와 이 경험의 관계가 공포나 회
피에서 호기심과 접근으로 변화했다.

　Doug는 이후 이 어려움에 대한 그의 모든 경향이 어떻게 변했
는지 기술했다. 그는 자신에 대해 화가 덜 났고, 그의 상사를 더
많이 이해하게 되었으며, 그 사건에 덜 사로잡히게 되었다. 몇
주 동안 Doug는 이러한 방법으로 힘든 경험을 다루는 것을 더

많이 실험해 보기 시작했다. 그는 경험의 강도 및 순간의 느낌에 따라 다양한 방식으로 경험들을 가지고 놀 수 있었다. 그는 달라질 수 있고, 경험 "안에" 머무를 수 있다는 것을 발견했다. 즉, 그것의 중심에 있는 감각망을 느끼고 탐사하고 조사할 수 있게 되었다. 또 어떤 때에는 힘든 경험과 몸속 호흡에 대한 현재의 자각 사이를 오갈 수 있었다. 이 과정 동안 다른 참여자들처럼 그는 매 순간 가능한 것의 "날카로운 부분"을 탐사하고 있었다.

우리 중 많은 이의 경험은 잘 구축된 보호적인 방어막이고, 무언가 압도적이라고 느낄 때 확실히 그 장소로 들어가게 될 것이다. 힘든 경험에 다가가는 새로운 가능성을 탐색하는 동안, 우리는 그 강렬함으로부터 한 발 물러서기 위해 우리가 잘 숙달하고 또 종종 적절하게 사용하는 전략을 잃지 않는다. 이러한 것은 부드러운 끈기를 가지고, 우리 각자에 맞는 속도로 어려움에 지속적으로 주의를 둘 수 있는 자신감을 점차 우리 안에 불어넣을 수 있다. 점차로 접근을 막고 있는 방어적인 전략들은 덜 필요하게 되고, 그 자신의 시간에 맞춰 강요 없이 스스로 사라진다.

수용을 돕는 기초 학습

MBCT 프로그램의 전반부에서 참여자들은 기초가 되는 기술을 훈련한다. 이는 어려움을 탐색하고 알아차리도록 하는 명백한 초대가 있을 때 유용하다. 따라서 그들은 이미 다음의 학습 과정에 있는 것이다.

- 실제 그것들이 어떠한지에 "대한" 단절된 생각에서 자동적으로 반응(reacting)하기보다는 감각들과 연결된 곳에서 숙고하여 반응(responding)하기 위해 몸의 특정한 감각들의 자각을 현재 순간의 닻으로 사용한다.
- 판단과 자동적 패턴을 인식하고 "그대로 둔다."
- 자비의 감각과 경험의 세부 내용에 대한 친절한 호기심을 발달시킨다(회피 모드에서 접근 모드로의 변화).
- 회피에 기인한 "추가적인" 괴로움을 명확하게 안다.
- 그것들이 실제 존재하는 방식을 다르게 바꾸려고 지속적으로 애쓰기보다 허용이라는 새로운 태도를 개발한다.

환영의 정신과 경험으로 향하는 것은 이러한 자질들을 체화한 교육자에 의해 회기 중 참여자들에게 전달된다는 점이 중요하다. 이것은 회기를 준비하고, 참여자가 도착할 때 인사하며, 참여자 및 강의 중 발생하는 모든 것에 대해 관여하는 각 교육 과정에 대한 교육자의 접근의 일부이다.

과정 속에 내재한 역설

역설적이지만 현재를 수용하는 지점에서 변화가 일어날 수 있다. 마음챙김 기반의 참여자들은 다른 상태에 도달하기를 바라면서 프로그램에 참여하지만, 단지 지금 매 순간을 경험하도록 배우는 마음챙김 훈련 및 과정에 반복적으로 노출된다. 그들은 편안함을 느끼지 않고도 편안함을 배우는 것이 가능할 수 있다는 것을 배운다! 이 역설을 능숙하게 체화하고 유지하는 것은 참여자들로 하여금 성과를 놓아 버리는 동시에 프로그램과 숙제에 완전히 참여할 수 있도록 촉진한다. 이것은 교육자와 참여자 모두에게 중요한 도전이다.

변화의 가능성을 증진하는 수용의 과정에서 무슨 일이 일어나는가? 지금 우리 안의 것을 수용하기 위해서 "무엇인가"를 바꾸려고 애쓰는 것을 놓았다는 것을 안다. 현재 순간을 수용함으로써 우리는 애쓰는 것으로부터 물러날 수 있다. 스트레스의 부가적인 층들인 저항과 긴장이 점점 사라진다. 우리가 추가해 온 "부가물"이 더 이상 아래의 현실, 즉 관련해서 떠오르는 감각, 감정 및 생각들의 미묘함과 상호 연결된 복잡성을 가리지 않기 때문에 문제는 덜 복잡해진다. 따라서 우리는 그것을 숙고하여 다루는 방법을 더 잘 알게 된다. 우리는 이 문제에 대해 더 친절하게 느끼게 되고, 그래서 우리는 자신이나 다른 사람들을 존중하고 또 해를 끼치지 않으려는 의도를 반응에 더할 수 있다. 우리는 회피 모드보다 접근 모드에 있다. 대체로 이 순간에 우리가 실제 존재하는 곳에 좀 더 온전히 있는 복잡한 과정은 능숙하게 반응하고 결정할 수 있는 더 확실한 장소를 제공한다. 변화는 이것을 통해 자연스럽게 나타난다.

수용이 변화를 가져올 수 있다는 것을 알게 되면, 우리는 반드시 그러한 수용을 스스로를 "바로잡는" 도구로 사용하고 싶어 한다는 것을 발견할 수 있다. 하지만 우리가 지금의 있는 그대로가 아닌 다른 모습이 되고자 노력을 쏟는 순간, 우리가 현재 상황에서 벗어났다는 것을 알게 된다. 우리는 경험과 씨름하는 것으로 돌아간다. 우리가 다르기를 바라는 것이 계속 올라오는 것을 보면서 자신을 수용하는 것은 이 과정의 또 다른 층(layer)이다.

[요약]

MBCT의 독창적 특징은 "만약 우리가 불쾌한 감정들을 밀어놓거나 통제하려는 것으로 대응한다면, 결국 우리는 그것들을 지속시키게 된다(Segal et al., 2002, p. 292)."라는 이해를 바탕으로 한다. 마음챙김은 어떻게 이에 대해 반대로 할 것인지를 발견하는 방법으로 함양된다. 즐겁거나 불쾌하거나 혹은 중립적인 우리의 모든 경험에 따뜻함과 연민을 가지고 친해지는 것이다. 이는 항상 순탄하지는 않을 것이다. 정서 반응과 인간의 모든 감정의 범위는 차분하고 여유로운 경험만큼이나 유효한 명상의 경험 영역이 된다. 이러한 학습 과정을 통해 목표를 달성하는 가장 좋은 방법은 종종 결과를 얻기 위한 노력을 중단하고 현재에 있는 것을 그대로 보고 수용하는 것임을 알게 된다.

12

경험과 새로운 관계 맺기

머릿속 판단적 목소리와의 끝없는 전쟁은 나에게 큰 고통이 되었고,

나는 그 고통을 누르기 위해 최선을 다했다.

그러나 많은 생각의 버스들이 지나갔고……

나는 그것들을 잡을 필요가 없다는 것을 배우기 시작했다.

나는 버스들을 그냥 바라보면서 보내기 시작했다.

이것이 내가 한바탕 우울증을 겪으면서 배운 가장 중요한 한 가지이다.

아무것도 아닌 것처럼 보이지만, 그 영향은 엄청 컸다.

(Gwyneth Lewis*)

MBCT 과정이 끝난 뒤 실시한 면담에서 Daniel은 프로그램 이

---

* Lewis(2002), *Sunbathing in the Rain-A Cheerful Book on Depression*, London: Flamingo, p. 88.

후 추가적인 우울 삽화를 겪었다고 했다. 그러나 이 우울증은 다르게 느껴졌고, 그는 더 넓은 시야로 그것을 볼 수 있었다고 했다. 삶의 태피스트리의 일부로, 지금 순간에서의 경험으로 말이다. 그리고 그는 우울증을 다른 식으로 경험했다고 했다. 그 우울 삽화는 오래 지속되지 않았다. 힘든 경험들은 계속해서 우리 삶의 일부가 될 것이다. 그 일부는 아마 주기적인 우울증을 포함할지도 모르겠다. 그러나 이러한 시기들과 기존과는 다른 식으로 관계 맺는 방법을 배우는 것은 완전히 색다른 경험을 할 가능성을 열어 놓는다.

2장에서 Segal과 Williams 그리고 Teasdale은 우선 우울증에 걸리기 쉬운 사람들이 가진 재발의 취약성을 해결하기 위한 수단으로 마음챙김 훈련을 생각했다. 왜냐하면 그것은 생각에 대한 "탈중심화된(de-centred)" 또는 "뒤로 물러선" 관계를 촉진하기 위한 시험적이고 실험적인 방법이었기 때문이다. 우울증 삽화 기간에 CBT를 받은 사람들이 얻은 "우울증 예방 기술"을 분석한 결과, 참여자들은 자신들의 생각과 근본적으로 다른 관계를 발전시켰다. 사람들은 더 이상 완전히 자신들의 생각 속에 있지 않았다. 그들은 자신을 원근법으로 그리고 더 넓게 볼 수 있는 능력을 갖게 되었다. 생각과 관련해서 CBT에서 암묵적으로 발달하는 이 기술이 MBCT에서는 경험의 모든 측면과 관련된 명백한 목표가 된다.

마음챙김 훈련에서 많은 참여자가 이렇게 근본적으로 새로운 방법으로 생각을 인식하게 되는 직접적인 경험은 종종 찰나에

지나가며 순간적이다. 하지만 그것이 만들어 내는 통찰은 심오
하다.

> 당신의 생각이 단지 생각일 뿐이며, 그것이 "당신"이나 또는 "현실"
> 이 아니라는 것을 알 수 있는 것이 얼마나 자유로운 느낌인지는 상
> 당히 주목할 만한 것이다. 당신의 생각을 생각으로 인식하는 단순한
> 행동은 종종 생각이 만들어 낸 왜곡된 현실로부터 당신을 자유롭게
> 하고, 당신의 삶에 명철한 시야와 삶을 감당할 수 있다는 느낌을 더
> 많이 제공한다.
>
> (Kabat-Zinn, 1990, pp. 69-70)

우리 경험의 내부와 관련된 결과

William James*는 1870년에 생각의 소유권에 대한 환상을 다
음과 같이 기술하였다. "의식의 맥박, 각각의 생각은 서서히 소
멸하고 다른 것이 대체한다……." 이렇듯 끝없이 이어지는 사
고의 흐름은 마음의 흐름 위 또는 뒤에 놓여 있는 중심 사상가
(central thinker)의 환상을 만들어 낸다(Welwood, 2000). 역설적
인 것은 그것이 우리 안에서 떠오른 생각들이고 매 순간 우리 경
험의 사적인 부분이지만, 그것은 우리가 아니라는 점이다. 그것
들은 "나" 또는 "내 것"이라고 불릴 수 있는 지속적인 실체를 가
지고 있지 않다. 현실이나 사실의 표상으로서, 일반적으로 우리

---

* William James(2007년 개정판), *The Principles of Psychology*.

경험과 그리고 부분적으로는 우리 생각과 연관되는 경향성이 우리의 고통과 어려움의 많은 원인이 된다.

생각은 종종 우리를 움직이고 통제한다. 우리는 그 안에 갇혀 있다. 우울증 재발 과정에서 핵심적인 반추적 사고 습관이 이 경향성의 대표적인 예시가 되는데, 우리는 자신의 마음속에서 벌어지는 이러한 과정을 모두 인식할 수 있다. 생각이 마음속에 들어오고, 몸은 어떠한 의식적인 알아차림 없이 바로 행동한다. 생각은 그 순간 특정한 선입견 주위에서 소용돌이친다. 그것들은 강한 느낌을 주고, 관심을 요구하며, 해결되거나 다른 긴급한 생각이 들 때까지 우리의 존재를 왜곡시킨다. 동시에 그것들은 현재 상황을 알아차리는 것을 방해하고 왜곡시킨다. 이것이 행위 모드가 작동할 때 나타나는 것이다. 이는 교정이 필요한 실수가 아니다. 그것이 바로 마음의 행위 모드가 고안된 연유이다.

경험으로부터가 아닌 경험과 관계 맺음 배우기

마음챙김 훈련의 핵심은 역설이다. 우리로 하여금 삶에 전적으로 관여하게 하면서도 동시에 무엇이 일어나는지 한 걸음 떨어져서 관찰하도록 격려한다. 이는 친절하고 자비로운 호기심과 비판단적인 흥미의 자세로 이루어진다. 특히 부정적 경험을 밀어내거나 우리의 "적"으로 삼지 않고, 경험을 "인식하고 놓아버리며", "경험으로 향하여 직접 경험함"으로써 경험과 친구가 된다. 이렇듯 경험과 다른 관계를 맺고, 동시에 매 순간 떠오르는 것들에 참여하고 관찰한다.

참여자들이 공식적인 마음챙김 훈련 동안 마음에서 일어나는 생각들과 관계 맺는 방법을 배우기 시작하는 과정은 두 단계로 나뉜다. 첫 단계는 주의를 현재에 두기 위해 호흡과 같은 또 다른 주의의 초점을 지정하는 것이다. 우리는 원래 관심의 초점인 호흡으로 돌아가면서 생각들이 일어나는 것을 주목하고, 그것들을 놓아 버린다. 이것은 친절함과 부드러움을 가지고 하지만 또한 끈기와 견고함을 가지고 행해진다. 참여자들은 이를 훈련하는 데 많은 시간을 보낸다. 그리고 이것은 어렵다. 생각은 완강하고 설득력이 있을 수 있지만, "메시지는 암묵적이다. 이는 그저 생각일 뿐이다. 이러한 방식으로 참여자들은 한 걸음 물러서서 내용에서 탈중심화하고, 단지 생각을 알아채는 것을 배운다 (Segal et al., 2002, p. 249)."

학습의 다음 단계는 생각에 명백히 주의의 초점을 두는 것이다. 여기서는 우리가 마음속에서 지나가는 다른 일들을 보듯이 생각을 보도록 격려한다. "생각은 그저 생각일 뿐임을 알아차리는" 정좌명상의 회기에서 일반적으로는 "소리의 알아차림"이 선행된다. 이것은 종종 여기서 의도한 바를 전달하는 데 도움이 될 수 있다. 일반적으로 참여자들은 주변 공간에서 발생하고 지나가는 소리에 대해 편안하게 자각하는 경험을 맛볼 수 있다. 우리가 영향을 미치지 않아도 소리는 왔다 간다. 생각이 지니고 있다고 여겨지는 개인적인 성질을 소리는 가지고 있지 않다. 마음의 공간을 지나가는 사건들을 대하는 것과 똑같이 생각들과의 관계를 탐색하도록 초대된다. 도전적인 훈련이지만, 많은 참여자가 이것이 시사하는 가능성을 느끼기 시작한다. 이것은 그 자체로 우리의 생각이 단순히 생각이라는 것, 즉 그것들은 사실이 아니라는 것을 깨닫는 방향으로 변화를 촉진한다.

이러한 방법으로 지속되는 훈련을 통해 참여자들은 자신의 생각과 감정 및 그 과정의 "지형"에 더 익숙해진다. 자기 생각의 "풍미"를 느낌으로써 자신이 속해 있는 마음의 모드를 식별할 수 있다. 그들은 놓아 버려야 할 것과 반응해야 할 것을 더 쉽게 알 수 있다.

존재는 우리의 경험 이상임을 배우기

이 모든 것에 내포된 메시지는 우리가 생각과 과거 경험, 신체 감각 및 감정의 내용 이상의 존재라는 것이다. 이 모든 것은 우리가 아니다. 경험에 대해 이러한 관점을 갖는 것은 엄청난 자유와 해방이 된다. 참여자들은 경험과 새롭게 관계 맺는 방법들을 자신의 일상에 점점 더 심어 놓도록 배운다. 그들은 자신의 경험을 판단하지 않고 그냥 일어난 일이라고 아는 것을 배운다. "내가 걷고 있을 때 내가 걷고 있음을 안다." 또는 "내가 슬프고 혼란스럽고 속상할 때 내가 슬프고 혼란스럽고 속상하다고 느끼는 것을 알며, 이것이 바로 지금의 상황임을 안다."(Elias, 2006)

[요약]

마음챙김은 경험을 관찰하는 기술(과정의 "탈중심화" 측면)과 경험의 실재에 직접적으로 관여하고 참여하는 기술을 함양시킨다. 탈중심화는 경험과 동일시하거나 경험 속에서 길을 잃지 않도록 하는 능력을 함양시키는 것을 포함하고 있다. 예를 들면, 생각이 현실을 나타낸다기보다는 "생각은 생각일 뿐임"을 아는 것이다. 경험에 직접적으로 관여하는 것은 그것에 대한 감각의 본질 및 특성에 함께 있는 것을 포함한다. 참여자들은 경험과 관계 맺는 방법을 선택할 수 있음을 배운다.

13

경험을 담는 그릇으로서의 알아차림

알아차림이 모든 상황에서 우리의 막대한 고통을 줄어들게
하지는 않을 것이다.
그것은 우리의 괴로움을 부드럽게 담아 놓고
친밀하게 아는 것을 위한 더 큰 그릇을 제공한다.
그리고 그것은 변화이다.

(Jon Kabat-Zinn*)

언어 능력과 마찬가지로 알아차림은 다른 모든 종(種)과 우리
인간을 구분 짓는 특징이다. 알아차림은 변화와 학습을 위한 엄
청난 가능성으로 이어진다(Kabat-Zinn, 2005). 마음챙김 주의 훈
련은 원래 항상 존재하는 알아차림에 의도적으로 접근하는 것을

---

* Kabat-Zinn (2005), *Coming to Our Senses*, New York: Hyperion, p. 90.

배울 수 있는 방법이다. MBCT와 그 외 마음챙김에 기반한 프로그램들은 경험을 습관적으로 지배하고 있는 도움되지 않는 마음 상태에 의해 알아차림이 어떻게 모호해져 가는지 명확히 볼 수 있는 삶의 상태를 만들도록 우리를 훈련시킨다.

앞의 글에서 Kabat-Zinn이 "부드럽게 담아 놓는다"고 말한 것처럼 알아차림이 어떤 경험이라도 담을 수 있다고 듣게 되면 상당히 안도할 수 있다. 또한 우리의 경험을 알아차리는 것은 경험 그 자체가 아니라는 점을 인식하도록 권장한다. 우울증을 알아차리는 것은 우울한 것이 아니며, 고통을 알아차리는 것은 고통 그 자체가 아니다. 이것은 경험을 알아차림의 관점에서 보자마자 그것이 어떻게 바뀌었는지 설명하는 데 도움이 될 수 있다. 우리는 더 이상 경험 안에서 경험에 의해 만들어진 감정의 필터를 통해 세상을 바라보지 않는다. 우리는 경험과 함께 있을 수 있고, 주위를 둘러볼 수 있으며, 더 넓은 맥락에서 볼 수 있다. 겉보기에 경험과 관계에서의 미묘한 변화를 통해 급진적이고 새로운 관점이 나타난다. Kabat-Zinn(2005)은 매 순간이 이러한 새로운 관점을 위한 잠재력을 어떻게 포함하고 있는지 설명한다. 그것들을 풀어놓고 인식하는 과정은 "정신세계 내의 순환"을 포함한다(p. 352). 우리는 특정한 방법으로 우리의 경험을 알아차리는데, 이를 통해 우리와 경험과의 관계, 우리가 가져온 것과 덧붙인 것 등 그 주변을 둘러볼 수 있다. 이 방법으로 경험은 더 큰 알아차림의 그릇 속에 "들어 있게" 된다.

MBCT 프로그램에 참여한 뒤 실시한 면담에서 Sharon은 다음

과 같은 경험을 설명했다. 회기 전 그녀는 주기적으로 자신의 감
정에 압도되는 것을 느끼고는 했다. 그녀의 감정은 "자기들의 삶
을 살았다." 그녀는 할 수 있는 한 최선을 다해 감정을 다루려고
애써 왔다. 처음에는 기분 전환을 위해 많은 일을 했지만, 이 시
기의 특징이었던 과로 및 수면 부족과의 결합으로 더욱 지쳤다.
이것은 종종 우울증의 전조가 되었다. MBCT 프로그램에서 배운
것들은 그녀가 새로운 방식으로 이 어려운 시기를 헤쳐 나갈 수
있도록 도왔다. 그녀에게 핵심적인 것은 심지어 가장 어렵고 불
안한 감정들조차 이 넓은 알아차림의 그릇 속에 담을 수 있다는
자신감이었다. 그녀는 이런 식으로 자신의 감정을 지금 현재 경
험의 일부가 되게 하는 것이 쉽지 않으며, 빠르게 "고칠" 방법은
없다는 것을 알고 있었다. 그러나 그녀는 자신의 경험에서 발생
한 모든 것이 처리 가능하다는 것을 발견했다. 그녀가 기댈 수 있
는 무언가가 여기에 있었다.

   알아차림과 함께 하는 훈련은 우리 자신, 경험 그리고 새롭고
급진적인 방법으로 우리가 경험과 맺은 관계를 보는 길을 열어
준다. 이 과정에서 일어난 연결성과 새로운 학습은 우리 삶의 순
간들에 반응하는 방법을 변화시키는 힘을 지닌다. 어떤 방식의
행동과 존재의 방법이 웰빙, 건강 그리고 행복을 촉진할 것인지
에 대해 직관적으로 더 분명해진다.

[요약]

알아차림은 늘 존재하며 우리가 이용할 수 있지만, 대부분은 보이지 않게 숨겨져 있다. "순간적" 경험의 직접적인 감각 인식이 중단되는 즉시 알아차림은 흐려진다. 현실에 대한 우리의 인식과 현실의 실재 사이에 틈이 생긴다. "그 틈으로 우리 삶의 해악이 마구 흘러든다(Beck & Smith, 1994)." 우리는 경험의 직접적이고 즉각적인 현실을 보기보다는 개념, 환상, 기억, 희망 그리고 두려움 속에서 길을 잃는다. 우리가 얼마나 자각이 없는지를 배우는 과정에 새로운 배움과 통찰이 내재되어 있다. 우리는 "존재 모드"를 유지하는 능력을 방해하는 무수한 방법과 이것이 어떻게 우리의 괴로움을 만들어 내는지 분명히 보고 있다. 매 순간 알아차림을 시작할 때 우리의 경험을 "담고" 또 친해지는 새로운 방법을 발견하게 된다.

일반적 취약성과
구체적 취약성 다루기

특정한 방법과 비판단적인 태도로 주의를 기울이는 마음챙김 훈련은 "내면의 풍경과 연결을 재확립하고 강화하는" 강력한 방법이다(Kabat-Zinn, 2005, p. 123). 이는 우울증 재발의 취약성을 줄이는 구체적인 효과를 훨씬 뛰어넘어서 웰빙을 가져오고 더욱 건강해지는 효과가 있다. 원래 MBCT는 우울증의 관해 기간에 배우도록 고안되었다.* 따라서 MBCT의 독창적인 특징은 참여자들이 매일 자신들의 삶에 마음챙김 훈련의 영향이 미치도록 함으로써 그들의 일반적 취약성(모든 인간이 지닌 특질)을 더욱 효과적으로 다루는 기술을 익히는 동시에 그들의 구체적 취약성(높은 우울증 재발의 위험성)을 더 잘 다루는 것 또한 배우는 것이다(Teasdale et al., 1995; Williams, 2008). 이렇게 하여 MBCT는

---

* 여전히 우울한 사람들에게 적용하는 MBCT의 사용에 대해서는 Kenny와 Williams(2007)를 참조하며, 우울증의 잔류 증상이 있는 사람들에게 적용하는 MBCT의 사용에 대해서는 Kingston 등(2007)을 참조.

참여자들에게 심오하고 지대한 영향을 미치는 방식으로 자신들의 삶을 다루고 변화시키는 방법을 제공할 수 있으며, 또한 우울증 재발의 취약성을 좀 더 능숙하게 다룰 수 있도록 한다. 이 장에서는 MBCT 프로그램 내에서 일반적 그리고 구체적 취약성을 다루는 것과 관련된 몇몇 이슈를 소개한다.

일반적 취약성

알아차림 훈련과 교육은 우리의 "일반적 취약성", 즉 모든 인간이 지니고 있는 괴로움을 느끼게 하는 특질에 대한 이해를 분명히 한다. 이것들은 (우리를 경험과 분리시키는 경향을 만들어 내는) 언어의 활용, (습관적인 반추적 사고 패턴을 통해 힘든 감정을 다루려고 애쓰는 경향을 만들어 내는) 자동조종 상태에서 이루어지는 작업, 활동 및 사고 과정을 수행하는 능력, (현재를 경험적으로 회피하는 경향을 만들어 내는) 사고 과정을 미래와 과거로 움직이는 능력, (내적 자극과 외적 자극을 구분하지 못하는) 위협에 대한 우리의 생리적 반응들 그리고 직접적인 신체적 경험을 알아채지 못하게 하고 우리의 인지적 과정에만 너무 의지하게 하는 일반적 경향성을 포함한다.

MBCT의 원류가 되는 MBSR은 원래 다양한 신체 및 심리적 고난과 질병을 가진 집단을 대상으로 개발되었다. 이는 참여자들에게 자신의 일반적 취약성을 탐색하도록 하는 데 초점을 맞춘다. 일반적 취약성은 그들이 경험하는 일상의 삶과 건강 문제를 투쟁으로 만들고 그 위에 어려움의 또 다른 층을 덧붙이는 마

음의 패턴과 습관이다. 참여자들은 자신의 경험을 판단하는 대
신 수용과 자비심을 갖고, 자동조종 상태로 있기보다는 현재 순
간을 알아차리며, 경험에 대해 자동적으로 반응하기(react)보다
숙고하여 반응하도록(response) 배운다. 일반적으로 참여자의 의
학적 문제들은 회기 내에서 직접 탐색되지 않는다. 초점은 참여
자와 의학적 문제와의 관계에 맞춰진다. MBSR 집단 내에서 이러
한 일반적인 마음의 경향성을 조사하는 과정을 통해 참여자들은
특정한 문제가 무엇이든 간에 우리 모두가 인식할 수 있는 보편
적인 패턴이 있다는 것을 발견한다.

구체적 취약성

　MBCT에서는 우리 모두가 지니고 있는 일반적 취약성과 더불어
구체적 취약성도 파악한다. 이는 경미하거나 심각한 장해가 될 수
있는 패턴, 특질 및 경향성이다. 이러한 것들은 우리의 특정한 조
건, 삶의 사건들, 환경적 영향, 질병이나 유전자 구성에 의해 만들
어진다. 구체적 취약성은 개개인에게 우울증이나 만성 피로 같은
질병을 유발하기도 한다. 그것들은 우리 각자가 "꼼짝 못하게 되
거나" "곤란해지기" 쉬운 특정한 장소와 방법을 구성한다.

구체적 취약성에 대한 학습을 목표로 하기

　MBCT 프로그램의 특정한 목표는 우울증 재발 취약성에 맞는
기술 개발 학습에 초점을 맞추는 것이다. 그것은 프로그램 내에
통합되어 있는 CBT를 통해 이루어진다. 이것이 이루어지는 두

가지의 방법을 제시한다.

- 훈련에서 일어나는 학습과 목표로 하는 문제와의 관련성 사이에 명확하고 명시적인 연결 고리를 만드는 교육 과정
- 목표로 하는 문제와 관련된 학습의 특정한 측면을 도출하는 커리큘럼 요소들

첫 번째 방법은 이 장에서 자세히 살펴보고, 두 번째 방법의 인지치료에서 도출된 커리큘럼 요소들은 27장에서 설명할 것이다.

MBCT 교육 과정-학습 목표

문제 개념화 그리고 학습과 우울증의 연결

MBCT는 인지적 틀과 이해의 기반에서 교육된다. 인지행동치료의 문제 개념화에서는 다양한 종류의 심리적 어려움이 어떻게 촉발되고 지속되는지를 개념화한다. MBCT 교육의 목표는 다루고 있는 정신병리의 기원과 유지의 요소에 대한 명확한 이해를 마음챙김의 측면인 "순간 반응(in-the-moment-responding)"의 역동성에 통합하는 것이다. 이러한 이해는 오리엔테이션 회기부터 참여자들과 공유되어 교육자와 참여자 모두가 자신이 하고 있는 일의 이유를 알게 된다. 명확하고 명시적인 연결은 훈련에서 일어나는 학습과 목표로 하는 문제와의 관련성 사이에서 만들어진다. 교육자와 참여자는 개인의 경험과 (우울증 재발방지를 위한

MBCT에서는) "우울한 마음"이 유발되고 그것이 지속되는 방식에 대한 경험 및 이해에 마음챙김 주의를 기울이는 영향과의 관계를 알아가는 대화에 몰입한다. 때때로 이는 참여자들이 연결을 이끌어 낼 수 있도록 촉진하는 과정이 되며, 또 다른 때에는 통합을 지원하는 가르침을 제공하는 과정이 된다. 따라서 마음챙김 훈련을 통해 깊어지는 배움은 참여자들의 구체적 어려움과 취약성을 다루는 데 특히 초점이 맞춰져 있다. 교육의 도전은 참여자의 직접적인 경험과 이러한 이해를 연결해서 경험적으로 통합되도록 하는 것이다.

[요약]

마음챙김 훈련을 통해 취약성을 더 잘 관리할 수 있는 기술을 습득할 수 있다. 훈련의 일반적인 측면을 통해 참여자들은 관해 시기에 MBCT 프로그램에 참여하여 새로운 기술을 훈련하기 위한 수많은 "순간의 도전"을 한다. 필요할 때 그들은 새로운 기술을 자신의 우울증 취약성에 적용할 수 있다. MBCT 교육 및 학습 목표의 특징은 참여자들이 자기 자신과 구체적 취약성을 관리하는 새로운 기술을 연결시키는 것이다.

MBCT를 가르치는 교육자들은 마음챙김 훈련을 통해 일반적 취약성(이를 위해 마음챙김 훈련, 이해 및 교육에 상당히 깊은 경험을 필요로 함)은 물론 구체적 취약성(이를 위해 프로그램이 목표로 한 진단적 상태를 다루는 경험과 훈련을 필요로 함)을 다루는 데 능숙해야 한다.

15

근거 기반의 MBCT

최초의 MBCT 연구(Teasdale et al., 2000)는 마음챙김에 기반한 임상 개입의 첫 번째 다기관 무작위 대조 연구(randomised control trial: RCT)였다(Teasdale, 2006). 그것은 임상 현장에서 마음챙김에 기반한 접근들의 새로운 장을 열었고, 그 잠재성에 대한 흥미를 넓히는 과정이 되었다.

MBCT의 첫 번째 연구

3개 기관에서 함께 실시된 MBCT의 임상 연구는 "우울증의 재발률을 감소시키는데, 평소의 일반적 치료(Treatment As Usual: TAU)에 더해 MBCT의 추가적인 효과가 있는가?"라는 기초적인 질문에 대한 답을 얻고자 하였다. 현재 관해 상태이며, 과거 최소 두 차례 이상의 우울 삽화를 경험하고, 연구 참여 전 3개월간 항우울제를 복용하지 않은 145명의 환자들이 모집되었고, MBCT 또는 TAU 집단에 무선적으로 할당되었다. 환자들에게

MBCT나 혹은 같은 기간인 8주간의 TAU를 제공하고 1년 후 추적 검사가 실시되었다.

이 첫 번째 RCT의 핵심 결과는 다음과 같다.

- 3회 이상의 우울 삽화를 겪은 환자들 중 MBCT 치료를 받았던 경우, TAU를 받은 통제 집단에 비해 1년 후 추적 검사에서 재발률이 반으로 줄었다(TAU 집단의 재발률은 66%였고, MBCT 집단의 재발률은 37%).
- 이전에 2회의 우울 삽화를 겪은 환자들의 경우에는 치료를 받은 집단과 받지 않은 집단 간 재발률에 있어 유의미한 차이는 없었다.
- MBCT 치료는 집단으로 진행되었기 때문에 치료 효과 달성에 걸린 시간은 환자 한 명당 평균 5시간 미만이었다.

3회 이상의 삽화를 경험한 경우와 2회의 삽화를 경험한 경우에서 치료 효과가 다른 점이 흥미로웠고, 이를 두 번째 MBCT 연구에서 조사하였다.

MBCT의 두 번째 연구

두 번째 연구(Ma & Teasdale, 2004)는 한 기관에서 모집된 75명의 환자를 대상으로 진행되었다. 이 연구는 기본적으로 다음의 질문들을 조사하는 데 초점을 두었다.

- MBCT의 첫 번째 연구(Teasdale et al., 2000)에서 긍정적 결과였던 3회 이상의 우울 삽화를 경험한 사람들에게 효과가 있다는 것이 반복 검증되는가?
- MBCT의 첫 번째 연구에서 관찰되었던 2회 이하의 우울 삽화를 경험한 사람들의 결과가 반복 검증되는가?
- 일상생활의 많은 스트레스로 인한 우울증 재발에 비해 자율 발생적인 내적 과정에 의해 우울증을 겪는 사람들의 재발을 줄이는 데 MBCT가 특히 더 효과적인가?

이번 연구의 결과도 매우 유사했다. MBCT는 3회 이상의 우울 삽화를 겪은 사람들의 재발률을 TAU 집단에 비해 반 이상 떨어뜨렸다(MBCT 집단의 재발률은 36%였고, TAU 집단의 재발률은 78%). 또한 2회 이하의 우울증을 겪었던 사람들의 경우에는 MBCT와 TAU 치료 집단 간 유의미한 차이가 없었다.

이 두 가지의 연구는 MBCT가 3회 이상의 우울 삽화를 경험했던 사람들의 재발률을 낮추는 데 유의미한 효과를 보일 수 있음을 제안한다. 현재 MBCT는 "추후 재발 가능성을 유의미하게 줄일 수 있기 때문에 지금은 건강하지만 과거 3회 이상의 우울 삽화를 경험한 사람들을" 위한 추천 치료로 영국의 국립보건임상연구원에 등록되어 있다(NICE, 2004, p. 76).

Ma와 Teasdale(2004)은 과거 2회 이하의 삽화를 경험한 경우와 3회 이상의 삽화를 경험한 경우 간의 치료 효과 차이에 대한 잠재적인 이유를 밝히기 위해 연구를 더 진행했다. 그 결과 두 집단의 환자들이 서로 다른 특성의 집단에 속한 경향이 있어 우울증에도 다른 경로를 보였다는 점이 밝혀졌다. 2회의 삽화를 경험한 사람들은 평범한 어린 시절을 보냈으며, 그들의 우울증은 힘든 생활사건 이후에 생긴 경향이 있었다. 그에 비해 3회 이상의 삽화를 보인 경우에는 힘든 어린 시절을 보냈으며, 우울증이 더 이른 시기부터 시작된 경향이 있었다. 이것은 MBCT의 도움을 받을 수 있는지 아닌지에 대한 핵심적인 차이는 삽화 횟수 그 자체가 아닐 수 있음을 시사한다. 아마도 추후 연구를 통해 MBCT가 소아 및 청소년기 등 이른 시기에 첫 번째 우울 삽화를 경험했던 사람들의 우울증을 치료하는 데 가장 효과적인지 밝힐 수 있을 것이다.

이후의 MBCT 연구와 발전

우울증의 재발방지를 위한 MBCT의 효과를 살펴보기 위한 연구들이 진행 중에 있다.

- Mark Williams와 동료들은 자살 충동을 느끼는 반복적인 우울증을 경험했던 사람들에게 MBCT를 적용했다(Williams et al., 2006b). MBCT를 8주간의 심리교육 프로그램 및 TAU와 비교하여 MBCT가 이 집단에서의 우울증 재발 감소에 효과적인지 그리고 만약 우울증이 재발한다면, 그때 자살 충동이 감소했는지를 알아보았다.

- 영국 엑스터의 Willem Kuyken과 동료들은 우울증 재발 경험이 있는 123명을 모집하였다. 그중 반은 복용하던 항우울제를 점차 끊으면서 MBCT 과정에 참여했고, 반은 항우울제 복용을 유지했다. 연구 결과에 의하면 건강히 지내도록 돕는데, MBCT가 항우울제에 비해 비용 효과적이며 대안적인 접근이 될 수 있었다(Kuyken et al., 2008).

- 토론토의 Zindel Segal과 동료들은 MBCT에 참여한 환자들과 기존 약물을 유지하는 환자들의 재발 정도를 비교하기 위해 MBCT와 함께 항우울제 치료를 유지하는 경우와 MBCT와 위약(placebo)을 복용한 집단 간의 RCT 연구를 진행했다.

- Norman Farb와 동료들은 MBCT 훈련에 따르는 정서 조절을 연구하기 위해 fMRI를 사용했다(Farb et al., 2007). 환자들이 MBCT에서 배운 부정적 정서를 다루는 메타인지적 기술들이 슬픈 기분의 신경 처리를 변화시키는지 알아보았다.

현재는 연구 및 개발을 통해 만성 피로 증후군(Surawy, Roberts, & Silver, 2005), 종양학(Ingram, 2005), 치료저항성 우울증(Kenny & Williams, 2007), 양극성 장애 환자들의 기능(Williams et al., 2007a)과 우울증의 잔류 증상을 지닌 사람들의 기능 비교(Kingston, Dooley, Bates, Lawlor, & Malone, 2007) 등의 임상 분야에 MBCT를 적용하고 있다.

[요약]

MBCT는 비용 효과적인 집단치료로, 과거 3회 이상의 우울 삽화를 경험한 사람들에게 적용하여 1년 후 우울 재발 가능성이 반으로 떨어졌음이 밝혀졌다(Ma & Teasdale, 2004; Teasdale et al., 2000). MBCT는 현재 삶에 주요한 어려움이 없는 경우에 발생하는 재발의 방지에 가장 효과적이다. 이는 자율 발생적인 재발과 관련된 반추 과정을 중단시키는 개입에서 일관되게 나타났다. MBCT의 근거들은 더 많이 쌓이고 있다. 일일이 다 언급하지 못하였지만 근거들은 수많은 상황에서 큰 효과 크기를 보이는, 급격히 발전 중인 MBSR 연구 분야의 맥락 내에서 관찰된다(Baer, 2003 리뷰 참조).

2부

마음챙김에 기반한 인지치료: 실제적 독창성

16

프로그램의 내용 및 구조

프로그램의 전체 형태

MBCT 프로그램은 일반적으로 매주 2시간에서 2시간 반 정도로 진행되는 총 8회기의 프로그램으로, 회기가 시작되기 전에 오리엔테이션 및 평가를 위한 회기를 갖는다(이에 대한 세부적인 내용은 18장 참조). 매일 45분의 공식적 마음챙김 훈련, 일상의 비공식적 훈련 및 경험 관찰 기록이 포함된 구조화된 숙제가 있다. 대부분 6주 동안 가이드 된 마음챙김 훈련을 실시하는 날을 포함하고 있는데, 이는 참여자들이 마음챙김 훈련을 지속할 수 있도록 돕는다.

프로그램의 전반부에서는 대체적으로 "내적" 경험에 주의를 기울이고, 이 과정에서 무엇이 일어나는지 보는 것을 강조한다. 프로그램의 후반부에서는 마음챙김 훈련을 통해 생긴 이해를 삶의 어려움에 적용하는 점을 강조한다.

회기별 수업자료* 및 참여자가 집에서 각자 연습할 수 있도록
돕는 마음챙김 훈련의 녹음자료가 학습을 위해 제공된다.

회기별 형태

1주차를 제외한 다른 회기들은 공식 훈련(바디스캔, 마음챙김 움
직임 및 정좌명상 훈련)으로 시작한다. 그 후 훈련 경험 및 집에서
하는 훈련 경험이 마음챙김에 기반한 과정의 특징적이고 특수
한 방법으로 탐색되고 논의된다(참여자와 교육자 간의 탐색적 대화
과정의 세부적인 내용은 28장 참조). 그리고 나서 일반적으로 집단
연습이나 탐색이 있는데 이를 통해 이번 주의 주제를 이끌어 내
고 탐색하게 된다. 일상과 삶의 어려움에 대한 경험적 학습과 연
결된 교훈적 요소 및 맥락적 정보들이 교육 과정 전체에 통합되
어 있다. 참여자와 교육자가 직접적 경험의 알아차림에 재접촉
하도록 3분 호흡 공간(Three Minute Breathing Space: 3MBS, 23장 참
조)이나 마음챙김 스트레칭 혹은 걷기(21장 참조) 같은 짧은 마음
챙김 훈련들이 다른 요소들 속에 섞여 있다. 회기의 주제 내용을
담고 있거나 새로운 배움과 시각의 대안적 출구를 제공하는 이
야기나 시도 읽는다. 회기의 마지막은 집에서 하는 훈련을 위한
내용을 준비하는 시간을 갖는다. 각 회기는 짧은 마음챙김 훈련
으로 마무리한다.

교육 내내 진행 과정을 마음챙김하도록 하는 의도가 존재한

---

* Segal et al. (2002)의 *Mindfulness-Based Cognitive Therapy for Depression: A New Approach to Preventing Relapse* 중 복사 가능한 유인물 참조.

다. 기본적으로 이는 마음챙김의 태도적 자질을 체화한 교육자에 의해 이루어진다. 이는 수용, 친절함, 너무 애쓰지 않는 부드러움으로 과정에 대한 진솔한 호기심과 탐구하는 정신이다(30장 참조).

8주의 MBCT 프로그램 내용을 회기별로 각 페이지에 하나의 표로 제시하였다. 프로그램 요소들은 앞으로 제시될 각 장에서 상세히 설명될 것이다. 현재 많은 임상가가 프로그램의 구조를 자신들의 특정 맥락과 내담자 집단에 맞춰 적절히 적용하고 있다. 다만, 기억해야 할 중요한 점은 적용하는 과정에서 8회기 마음챙김에 기반한 프로그램의 현재 형식이 수많은 고민과 연구 및 임상적 실제를 통해 수년간 진화해 왔다는 것이다. 프로그램을 적용하고자 할 때 변화의 효과를 명확하게 인식할 수 있도록 원래 형태의 프로그램과 유사한 지점에서 변화해야 충분히 가치가 있다.

1주차: 자동조종 상태	
회기 내 훈련	알아차림을 하며 건포도 먹기(19장)
	바디스캔 명상(20장)
회기 내 연습	집단 구성 • 프로그램의 기풍을 정하고 집단 경계 세우기 • 참여자들의 자기소개하기 (집단 참여의 이유 및 집단을 통해 이루고자 하는 것)
집에서 하는 훈련	45분 바디스캔 명상
	샤워하기 같은 일상의 반복적 활동에 매일 주의를 기울이기(25장)
	한 주 동안 1회 마음챙김하며 식사하기(25장)

2주차: 장애물 다루기	
회기 내 훈련	바디스캔 명상
	10분간 호흡의 마음챙김(22장)
회기 내 연습	사고 및 감정 연습(27장)
집에서 하는 훈련	45분 바디스캔 명상
	10분간 호흡의 마음챙김
	다른 일상의 반복적 활동에 주의를 기울이기
	매일 경험한 즐거운 일을 기록하기(26장)

3주차: 호흡(그리고 움직이고 있는 몸)의 마음챙김	
회기 내 훈련	마음챙김 움직임(21장)
	스트레칭과 호흡 훈련 • 선 채로 마음챙김 스트레칭하기 • 뒤이어 호흡과 몸의 알아차림에 집중하는 정좌명상하기 • 이 훈련은 "보기" 혹은 "듣기"에 대한 짧은 마음챙김 훈련과 함께 시작할 수 있음
	3분 호흡 공간(23장)
회기 내 연습	즐거운 경험 기록(calendar) 탐색 또는 4주차의 불쾌한 경험 기록을 동시에 탐색할 수 있음(26장)
집에서 하는 훈련	회기 후 첫 번째, 세 번째, 다섯 번째 날에 스트레칭과 호흡 훈련
	회기 후 두 번째, 네 번째, 여섯 번째 날에 마음챙김 움직임 훈련
	매일 경험한 불쾌한 일을 기록하기(26장)
	3분 호흡 공간을 매일 3회씩 하기

	4주차: 현재에 머무르기
회기 내 훈련	5분간 보기 혹은 듣기의 마음챙김
	정좌명상[호흡, 몸, 소리, 생각의 알아차림 및 선택하지 않는 (choiceless) 알아차림](22장)
	3분 호흡 공간 • 힘들다고 느껴질 때마다 사용하기 위한 대처 훈련으로서 제시
	마음챙김 걷기
회기 내 연습	불쾌한 경험 기록 탐색
	우울증 "영역" 또는 만성 피로나 스트레스 같이 해당 집단의 특성을 초점으로 한 대안적인 영역의 정의 및 탐색(27장)
집에서 하는 훈련	정좌명상
	3분 호흡 공간-하루 3번 정기적으로
	3분 호흡 공간-불쾌한 기분을 알게 될 때마다 대처로

	5주차: 수용과 허용/그대로 두기
회기 내 훈련	정좌명상 • 호흡과 몸의 알아차림 • 떠오르는 모든 생각, 감정 및 신체 감각에 우리가 어떻게 반응하는지에 주목하는 것을 강조 • 훈련 중의 어려움을 이야기하고, 이것이 몸과 마음에 미치는 영향을 탐색(22장)
	3분 호흡 공간
회기 내 연습	집단원과 함께 Rumi의 시 '게스트하우스'를 읽고 주제 탐색
	자동 반응의 습관적 패턴의 탐색과 현재 순간의 경험에 더 숙고적으로 반응하도록 촉진하는 마음챙김 기술의 사용 가능성 탐색하기
집에서 하는 훈련	정좌명상
	3분 호흡 공간-하루 3번 정기적으로
	3분 호흡 공간-불쾌한 기분을 알게 될 때마다 대처로 - "몸의 문"을 여는 선택을 탐색하는 훈련 후

	6주차: 생각은 사실이 아니다
회기 내 훈련	정좌명상 • 호흡과 몸의 알아차림 • 그에 더해 훈련에 어려움을 가져와 이것이 몸과 마음에 미치는 영향을 탐색
	3분 호흡 공간
회기 내 연습	기분, 생각 및 대안적인 관점 연습(27장)
	개인적인 재발 특징과 행동 계획 개발을 시작(27장)
	프로그램 종결 준비
집에서 하는 훈련	하루 40분 훈련 • 세 가지 핵심 훈련의 각기 다른 조합으로 연습 • 일련의 더 짧은 훈련의 사용을 탐색 • CD를 사용하거나 혹은 사용하지 않고 하는 훈련을 탐색 (프로그램 종료 후에도 지속할 수 있는 훈련 형식의 개발을 탐구)
	3분 호흡 공간 – 하루 3번 정기적으로
	3분 호흡 공간 – 불쾌한 기분을 알게 될 때마다 대처로 　　　　　　　　　－생각에 대한 더 넓은 관점을 취하는 첫 단계로, 　　　　　　　"생각의 문"을 열기
	개인적인 재발방지 행동 계획에 대한 추가적인 성찰과 작업(27장)

7주차: 어떻게 하면 나 자신을 가장 잘 돌볼 수 있을까	
회기 내 훈련	정좌명상 • 호흡, 몸, 소리, 생각 및 감정 알아차림
	3분 호흡 공간과 그에 더해 훈련에 어려움을 가져와 이것이 몸과 마음에 미치는 영향 탐색
회기 내 연습	활동과 기분의 연결 고리 탐색(27장)
	일일 활동 목록을 작성하고, 그중 어떤 것이 "고갈" 혹은 "영양을 공급"하는 느낌을 느끼게 하는지 그리고 "숙달"이나 "즐거움"의 느낌을 주는지 평가함. 그리고 "영양을 공급"하는 활동을 늘리는 방법을 고찰함(27장)
	재발의 특징과 재발의 위협을 다루는 활동 확인(27장)
집에서 하는 훈련	다른 모든 훈련 형식 중에서 프로그램 종료 후에도 계속할 수 있는 훈련 패턴을 선택
	호흡 공간 • 정기적으로 그리고 대처로 • "숙련된 행동의 문"을 여는 선택 탐색 훈련 후
	재발 탐지를 위한 조기 경보 시스템의 개발(27장)
	가라앉은 기분에 직면해서 사용할 행동 계획의 개발(27장)

8주차: 앞으로의 기분을 다루기 위해 배운 것 사용하기	
회기 내 훈련	바디스캔 명상
	종료 명상
회기 내 연습	재발 위협이 클 때 사용할 수 있는 조기 경보 시스템과 행동 계획 점검 전체 과정 정리 • 훈련이 도움이 되었던 당신 삶의 가장 중요한 것들은 무엇인가?
	공식 및 비공식적 훈련에서 개발된 계기와 흐름을 유지하는 방법, 토론 참여자들에게 전체 과정에 대한 개인적 성찰을 제공하는 질문
집에서 하는 훈련	다음 달에도 지속할 수 있는 집에서의 훈련 계획을 결정하기(이상적으로는 이것을 추수 회기에 점검함)

 이런 식으로 회기 내용을 나열하면 프로그램 내용이 고정되고 경직되어 있다는 인상을 줄 수 있다. 이것은 가이드이며, 회기 내에서 교육자의 커리큘럼에 대한 순간의 대응을 대신하지 않는다는 점을 기억하는 것이 중요하다. 그러나 프로그램에는 본질적이고 필수적인 요소들이 있다. 여기에는 공식적 마음챙김 훈련, 마음챙김 훈련의 태도적 기반의 정신과 본질을 교육 과정의 구조 안으로 가져옴을 강조하는 것 그리고 이 교육들 속에서 우리의 어려움이 어떻게 발생하고 지속되는지를 보여 주는 연결성이 포함된다. 교육자와 참여자 사이에서 함께 만들어지는 살아 있고 반응적이며, 의미 있는 배움의 이 모든 것으로 인해 어떤 MBCT 과정이라도 정확히 똑같지는 않을 것이다.

17

각 회기의 주제들

1주차: 자동조종 상태

첫 회기의 핵심적인 부분은 앞으로 있을 회기들에서 진행할 작업을 위한 지지적인 환경을 만드는 것이다. 교육 과정은 참여자들이 자동조종 상태에 있게 되는 경향과 이것이 우리의 삶에 미치는 영향을 인식하기 시작하도록 돕는 것을 목표로 한다. 참여자들은 단순히 일상의 물체(건포도)에 의도적으로 주의를 기울이는 것이 이 물체에 대한 경험의 본질을 바꾸는 효과가 있다는 것을 알게 된다. 바디스캔 훈련 동안 참여자들은 몸의 다른 부위들로도 의도적으로 주의를 돌리는 것이 간단하지만 여전히 상당히 힘든 일임을 알게 된다. 마치 마음이 어디로 갈지에 대한 자신만의 생각이 있는 것처럼 보인다.

2주차: 장애물 다루기

참여자들은 한 주 동안 바디스캔 훈련을 한 뒤 두 번째 회기에 온다. 참여자들은 종종 이것이 힘들다고 느낀다. 자신의 경험에 대한 탐색은 첫 회기에서 시작된 주제의 이해를 더욱 발전시킨다. 몸에 주의를 두는 것에 집중하면 마음이 재잘거리고 있는 현실을 더 분명하게 보여 주기 시작하고, 이 재잘거림이 어떻게 일상적인 사건에 대한 우리의 반응을 통제하는지를 보여 준다. 삶이 우리에게 제공하는 즉각적인 직접적 경험에 우리가 층을 덧붙이는 방법과 관련된 주제가 나타난다. (CBT에서 가져온) 생각과 감정의 연습은 이것의 특정한 측면을 탐색하게 한다. 처한 상황에 대한 해석은 종종 상황 자체가 아니라 우리가 어떻게 감정을 느끼는지를 결정한다.

3주차: 호흡(그리고 움직이고 있는 몸)의 마음챙김

이 회기에서는 훈련을 지속하는 것을 상당히 강조한다. 참여자들은 마음챙김 움직임과 호흡의 마음챙김을 소개받는다. 2주간의 바디스캔 훈련 숙제는 몸이 우리 경험과 함께 존재하는 장소임을 확실히 하는 것에 대한 뒷받침이 된다. 호흡에 의도적으로 주의를 두는 것은 더욱 집중하고 마음을 가다듬기 위해 의도적으로 주의를 사용하는 새로운 방법으로 이를 다룰 가능성을 연다. 또한 우리가 최선을 다해 의도함에도 불구하고 얼마나 자주 마음이 바빠지고 흐트러지는지에 대한 알아차림이 증가한다. 자신의 경험에 대해 더 깊이 탐색하면서 참여자들은 매 순간의 전체 경험을 구성하는 요소들인 신체 감각, 생각 및 감정과 점점 더 조율하게 된다. 마음챙김 훈련의 어려움을 마주하고 경험하면서 대부분의 참여자는 과정에 대한 태도적 기반을 경험적으로 이해하는 것을 발달시킨다. 명상 훈련 경험에 정답은 없다. 우리가 애쓰는 것을 부드럽게 수용할 수 있고, 그것들에 새로운 방법으로 관여할 때 떠오르는 것들에 대한 흥미와 호기심을 발달시킬 수 있다.

4주차: 현재에 머무르기

3주간 매일 마음챙김 훈련을 경험하면서 참여자들은 마음의 본질의 세세한 측면을 좀 더 인식할 수 있게 된다. 4회기에서는 한 가지에 집착하고 다른 것을 피하려고 할 때 마음이 가장 심하게 흩어지게 되는 것을 보게 된다. 이러한 자동적 반응 패턴은 우리가 자동조종 상태에 있을 때 가장 쉽게 일어난다는 것이 확실해진다. 이는 힘든 상황과 경험에 대처하는 데 더 효과적인 방법을 알아차리는 것을 발달시키고자 하는 근거가 된다. 마음챙김은 경험과 함께 현재에 머무르는 방법을 제시할 수 있으며, 이를 통해 우리는 다른 관점으로 사물을 볼 수 있게 된다. 우울증의 지형을 파악하는 데 들이는 시간은 상태의 본질을 더 명확히 이해하도록 하며, 마음챙김 기술과 삶의 어려움의 관계를 탐색할 수 있게 한다.

5주차: 수용과 허용/그대로 두기

판단하지 않고 혹은 다르게 만들려고 노력하지 않고, 단지 있는 그대로 두도록 허용하는 감각의 경험을 강조하는 것은 그것 자체로 이것이 어떻게 경험과 관련된 새로운 방법을 만들어 내는지를 알려 준다. 수용과 같은 태도는 자신을 보살피고 변화가 필요한 부분을 더 명확히 알게 하는 중요한 부분이 될 수 있다. 이 과정에서 지난주 소개된 주제인 회피, 집착 및 무관심 등 경험과 관련된 습관적 패턴을 보기 위해 더 탐색하고, 이것이 수용에 대조적임을 알게 된다. 참여자들은 경험에 대한 (숙고 반응과 대조적인) 그들의 익숙한 자동 반응의 패턴을 인식하도록 안내받는다. 이것들은 일상생활 및 우울 취약성 모두와 관련되어 있다.

6주차: 생각은 사실이 아니다

생각은 그저 생각일 뿐이며, 우리가 그것에 따라 행동하거나 관계를 맺거나 또는 개인적으로 받아들이지 않을 선택지를 가지고 있다는 내용은 과정 내내 암묵적으로 있어 왔지만, 이제는 그것을 명시적으로 강조한다. 이번 회기에서는 부정적 감정과 그에 동반되는 생각들이 경험을 보는 우리의 "렌즈"가 되는 방식을 살펴본다. 반복되는 생각의 패턴을 인식하는 과정은 반드시 질문하고 대안을 찾아야 할 필요 없이 우리가 그것들로부터 물러날 수 있도록 도울 수 있다. 하지만 사고 과정에 대한 더 넓은 관점을 얻었기 때문에 우리는 탐구하고 호기심을 갖고 그리고 친절한 태도로 그것들을 인지적으로 다루는 것을 선택할 수 있다.

7주차: 어떻게 하면 나 자신을 가장 잘 돌볼 수 있을까

이번 회기의 기본 주제는 우리의 기분과 웰빙에 영향을 미치는 활동을 인식하는 것이다. 이러한 영향을 알아차리고자 하는 것은 우리가 시간을 보내는 방법에 대해 숙고 반응을 선택할 수 있도록 돕는다. 현재 순간의 경험에 반응하는 방식으로 행동하는 법을 배우는 것이 앞으로의 재발을 막는 중요한 방법이라는 것을 알게 됨으로써 이러한 주제들이 우울증 취약성과 연결된다. 참여자들은 우울증의 피로감이 보통의 피곤함과 다르다는 것을 배운다. 쉬는 것보다는 짧은 시간의 활동을 늘리는 것이 필요하다. 그들은 그대로 있어야 할 때와 행동할 때를 결정하기 위해 마음챙김을 통해 얻게 된 매 순간 인식하기를 사용하는 것을 배운다. 이 회기의 추가적인 핵심 교육 주제는 개인적 패턴과 취약성을 알아차리는 것과 이것이 미래의 어려움에 대비하는 방법임을 알게 되는 것이다. 참여자들은 자신의 우울증 재발의 특정적 패턴 "지도"를 인식하기 위해 그들이 발달시킨 알아차림과 파악하는 방법의 적용을 배운다. 참여자들은 프로그램 종결을 준비한다.

8주차: 앞으로의 기분을 다루기 위해 배운 것 사용하기

참여자들이 여덟 번째 회기를 남은 생의 시작으로 여기도록 격려한다! 프로그램의 결과로 참여자들의 내부에서 경험되고 있는 긍정적인 변화와 훈련을 연결함으로써 그들의 목적을 지지하는 것을 강조한다. 이번 회기에서는 매주 회기를 하지 않아도 변화의 계기와 수련을 이어 가는 방법에 대한 탐색이 주제가 된다. 마음챙김 훈련은 낙하산을 짜는 것과 같다. 만약 우리가 비행기에서 점프할 때까지 그냥 놓아두지 않고 매일 조금씩 짠다면 그것이 우리를 지탱해 줄 가능성은 더 커질 것이다.

18

평가와 오리엔테이션

MBCT 프로그램에 참여를 유도하는 과정은 중요하다. 프로그램이 참여자들의 삶의 현시점에서 적합한지 평가하고, 프로그램이 무엇을 제공하고 또 요구하는지 알려 주며, 참여자들이 갖고 있는 프로그램에 대한 기대를 듣고, 프로그램에 참여하는 것을 돕는 것이 필수적이다. 프로그램에 대한 참여자들의 태도는 그들이 프로그램에 관여하는 방식에 영향을 주는 핵심적인 요소이다.

평가와 오리엔테이션 과정은 참여하려는 사람들이 의뢰되거나 연락을 해오는 시점부터 시작되며, 과정이 시작되는 그 순간까지 계속된다. 이 기간 동안 교육자와 참여를 원하는 사람이 함께 앉아 자기 삶의 현시점에서 프로그램이 도움이 될지 여부를 밝히고 평가할 기회를 가질 필요가 있다.

왜 참여하게 되었나요

참여자가 프로그램에 참여하려고 생각한 개인적인 이야기를 어느 정도 나누도록 권하는 것으로 대화를 시작한다. 참여자가 삶에서 경험한 시련과 어려움의 특정한 패턴이 생기는 방식을 듣는 것은 중요하다. 참여자가 MBCT 프로그램에 참여하는 데 지금이 적절한 시기인지 여부가 기억해야 할 핵심 질문이다. 프로그램 과정은 그 자체로 도전적이며, 경험의 밀도를 높이는 경향이 있다. 일반적으로 말하자면 지금 강력한 삶의 변화나 심한 혼란 및 급성의 어려움을 겪고 있는 사람에게는 최선이 아닐 수 있다.

MBCT 프로그램에 대해 설명하기

참여하려는 사람이 프로그램에 참여할지 여부를 확실히 결정할 수 있도록 과정에 대해 설명할 필요가 있다. 그 사람에게 공명하는 방식으로 프로그램의 정신을 전달하기 위해 생생하게 살아 있는 언어를 찾는 것이 중요한 도전이 된다. 일단 참여자들이 프로그램을 시작하면, 우리가 마음챙김 훈련과 연습을 통해 가르치는 것을 알아보도록 할 것이다. 이 경험적 기초에서부터 학습이 발달된다. 프로그램 시작 전 우리는 이를 반대로 해야 한다. 우리는 프로그램의 목적과 그것이 달성되는 방법을 묘사하는 방법을 찾아야 한다. 우리가 함양하는 것의 미묘한 특성을 고려하면 이는 쉽지 않다. 이야기들과 은유들이 상당한 도움이 된다.

프로그램에는 해결보다는 살아가는 것을 배운다는 역설이 내재되어 있다. 참여자들은 당연히 이런저런 것들이 달라지기 원하지만, 프로그램은 다른 곳으로 가도록 돕기보다는 우리가 이미 있는 곳에서 어떻게 하면 더 온전하게 있을 수 있는지를 가르쳐 줄 것이다! 대부분의 사람들은 정면으로 문제를 해결하는 전략에 익숙하다. 우리가 삶에서 직면한 어려움들을 극복하기 위해 다른 방법을 모색할 것이라고 전달하는 것이 중요하다. 문제 자체를 직접적으로 다루거나 이야기하지는 않을 것이다. 다른 방법에는 우리가 그것들과 어떤 관계를 맺고 있는지 탐색하는 것이 포함된다. MBCT가 미치는 영향력과 참여자가 직면한 시련을 연결함으로써 프로그램을 참여자 개개인에 맞추는 것이 도움이 된다. 또한 근거에 기반한 정보를 제공하는 것도 유용할 수 있다. 참여자 자신이 프로그램에 전념하고 맞추는 것에 대한 지지와 프로그램이 그들에게 제공하는 것에 대해 도움이 안 되는 기대를 주지 않는 것 사이에 섬세한 균형이 필요하다. Kabat-Zinn(1990, p. 171)의 말처럼 "만약 어떻게 훈련을 전개해야 하는지에 대한 생각을 가지고 있다면 이러한 것들은 종종 방해가 될 것이다."

  명상 훈련이나 집단 토론 및 연습처럼 각 회기에서 어떤 것들이 일어나는지 실질적으로 설명하는 것이 유용할 수 있다. 다음과 같은 프로그램의 스타일을 익히도록 돕는 것이 중요하다. 이것은 치료 집단이 아니며, 자신의 문제와 관련된 과거력을 이야기하는 부분은 없다. 그리고 이곳은 삶의 시련을 유사하게 경험하고 있는 집단원들과 함께 새로운 기술을 배우는 장소이다. 또한 집단의 대화에 참여하는 정도를 선택할 수 있다.

집에서 하는 훈련

프로그램에서 집에서 하는 훈련이 중심적 역할임을 전달하는 것이 중요하다. 만약 그들이 프로그램에 참여하기로 결정했다면, 그들은 매일 한 시간씩 집에서 훈련에 전념해야 한다. 또한, 집에서 하는 훈련을 꼭 즐겨야 할 필요는 없다는 점을 참여자들이 알 필요가 있다. 그것이 힘들고 지겨울 수 있지만, 그럼에도 불구하고 인내심을 갖고 지속하는 것이 중요하다. 그 과정에 완전히 전념할지를 결정하는 동안 그들이 프로그램을 8주간의 "실험"으로 여기도록 하는 것이 도움이 될 수 있다. 8주의 마지막에 스스로 결론을 내릴 수 있을 것이다.

프로그램 참여에 대한 도전

참여자들이 프로그램을 통해 더 강하고 힘들게 느낄 수 있다는 점을 아는 것이 중요하다. 알아차리는 능력을 함양하는 과정은 때론 라디오 주파수를 맞추는 것과 유사하기 때문에 어느 정도는 신호가 더 명확해지고 볼륨이 커질 것이다. 이렇게 증가한 알아차림은 주변의 즐거움과 연결하는 능력을 증가시키지만, 삶의 시련과 고통에도 더 민감하게 만든다. 게다가 집에서 하는 훈련을 위해 한 사람의 일상을 다시 조정하는 과정은 스트레스로 느껴질 수 있을 정도로 삶의 큰 변화를 포함한다.

의도와 전념하기를 준비하기

마음챙김은 애쓰지 않는 태도로써 뒷받침되지만, 이는 우연히 일어나지 않는다. 훈련은 상당한 정도의 전념과 수련을 요한다. 8주의 프로그램은 집중적인 훈련 과정이다. 참여자들은 프로그램 과정이 자신들을 위한 무언가를 배우는 것임을 이해해야 한다. 이에는 그들이 열심히 참여하는 것이 포함된다. 프로그램은 이 작업이 이루어지는 구조화된 "그릇"을 제공한다.

[요약]

프로그램에 참여하려는 사람들을 참여시키는 전체 과정은 궁극적으로 참여자가 과정에 맞추는 것과 그것을 위해 견딜 가능성에 관한 것이다. 그것은 보트를 띄우는 것과 어느 정도 비슷하다. 신중한 준비 단계가 있고, 어느 시점에서 보트는 물로 나아간다. 학습이 시작된다.

19

알아차림을 하며 건포도 먹기[*]

마음챙김을 기반으로 한 8주간의 프로그램 중 첫 회기의 마음챙김 훈련의 첫 번째 실습은 천천히 그리고 의도적인 주의를 갖고 건포도를 먹는 것이다. 이를 통해 명상이 비일상적이거나 신비한 경험이 아니며, 삶의 평범한 것이라는 메시지를 의도적으로 전달한다.

교육자는 건포도가 담긴 그릇을 갖고 집단을 돌면서 숟가락을 사용하여 참여자에게 각각 하나씩 나누어 준다. 이것이 건포도임을 알고 있음을 잊고 마치 어린아이가 처음으로 경험하는 것처럼 "새롭게" 보도록 권유한다. 호기심과 흥미를 갖고 참여자들이 자신의 감각을 통해 건포도를 탐구하도록 한다. 다른 각도에서 보며 빛이 그것을 비추고 통과하면서 그림자를 만드는 방식

---

[*] 이 장의 일부는 Mark Williams, Rebecca Crane, & Judith Soulsby (2006a)의 미출판 유인물인 The *"Eating a Raisin" Practice–Aims, Intentions and Teaching Considerations* 에서 가져옴.

을 알아본다. 손가락과 입술로 그것을 느낀 뒤 혀와 이로 느껴본다. 냄새를 맡으면 아마 침이 고여 있는 것을 알아차릴 것이다. 손가락으로 잡고 귀에 가까이 대고 소리를 듣는다. 그리고 마침내 입안에 넣는다. 이로 물어본다. 그리고 마침내 씹고 움직여본다. 맛본다. 입안의 다양한 부분에서 미뢰들이 각각 어떻게 받아들이는지 보고, 건포도를 삼키고 난 뒤 남는 맛을 느낀다. 경험의 각 측면에 깨어 있도록 강하게 격려한다. 우리 중 많은 사람이 어떠한 의식적인 선택을 하기 전에 음식이 우리 입안에 있고 삼켜지는 것을 발견한다.

이어지는 집단 대화에서 교육자는 참여자들에게 훈련 중에 일어난 직접적인 감각 경험을 공유하도록 요청한다. 참여자들에게 종종 평소에 건포도를 먹었던 방법과 얼마나 다른지 깨달았는가에 대한 질문을 할 수도 있다. 교육자는 이 경험을 통해 조명되는 우리 마음의 본질에 대한 관찰 내용을 집단에서 알아갈 수 있도록 돕는다.

건포도 실습을 통한 배움

참여자들이 경험할 수 있는 배움에는 네 가지 영역이 있다.

1. 마음챙김 알아차림과 자동조종 상태 간의 차이를 경험함.
2. 우리가 얼마나 자주 자동조종 상태에 있는지 깨달음.
3. 마음챙김 주의가 그전에는 보지 못했던 것을 드러내고, 경험 그 자체를 변화시킬 수 있게 하는 방법임을 깨달음.

4. 마음이 감각 정보로부터 빠르게 연결을 형성하는 방식을 앎.

이제 각 영역을 차례로 알아보자.

마음챙김 알아차림과 자동조종 상태 간의 차이

건포도 훈련은 마음챙김이 무엇이라는 것에 대한 첫 번째 경험적 가르침을 제공한다. 교육자는 참여자들이 특수한 방식으로 건포도를 탐구하고 먹도록 요청한다. 건포도가 만들어 내는 느낌, 냄새, 보이는 것, 소리 그리고 맛의 경험에 의도적으로 주의를 집중하도록 한다. 참여자들이 (마음의 판단까지 다 포함해서) 그것들을 있는 그대로 허용하도록 권장한다. 교육자는 호기심과 진솔한 흥미의 태도로 "건포도 먹기" 경험과 이어지는 집단 대화를 탐구하도록 한다.

우리가 얼마나 자주 자동조종 상태에 있는지 깨달음

건포도 훈련은 첫 회기의 주제가 "자동조종 상태"임을 알려 준다. 우리는 종종 전혀 의식하지 않고 먹기 때문에 우리가 먹는 것에 이 정도로 주의를 기울이는 것은 매우 특이한 일이다. 이는 우리 삶의 수많은 순간이 얼마나 참될 수 있는지에 대한 알아차림을 열어 준다.

마음챙김 주의가 드러낼 수 있고 변화시킬 수 있는 방법임을 깨달음

참여자들은 건포도 훈련을 통해 평소와 다른 방법인 의도적으로 어떤 것을 알아차림하는 것이 경험의 본질을 바꾼다는 것을 알게 된다.

> 평소에는 주의를 특별히 집중하지 않고 건포도를 한 줌씩 먹었는데, 건포도 하나의 맛이 이렇게나 강렬하다는 것에 매우 놀랐다.
>
> (Sue, MBCT 과정 참여자)

건포도는 많은 사람의 일상에서 매우 흔하고 평범한 것이기 때문에 그전에는 깨닫지 못했던 건포도의 깊은 감각적 경험을 인식하는 것은 상당한 충격이다. 만약 이것이 건포도의 참됨이라면 나머지 삶의 대부분도 그렇듯 참될 수 있다.

마음이 감각 정보로부터 빠르게 연결을 형성하는 방식을 앎

많은 참여자가 건포도가 연결을 일으키는 방식을 설명하는데, 이는 즐겁기도 하고(예: "우리 엄마가 만든 크리스마스 케이크의 따뜻하고 안전한 느낌이 떠올랐다."), 즐겁지 않기도 하다(예: "내가 평소에 얼마나 음미하지 않고 먹었는지를 깨달아서 슬펐다."). 감각 경험, 마음의 활동 및 감정의 상호 연결성이 스스로 드러나기 시작한다. 마음은 연결을 매우 빨리 만들고, 그다음 순간 그것들에 의해 촉발된 감정에 의해 맛이 느껴진다. 의식적으로 이런 일이 일어나고 있다는 것을 깨닫지 못한 채, 정신적인 시간 여행으로 우리는 현재 순간의 직접적인 경험의 현실로부터 빠르게 멀어질 수 있다. 따라서 마음챙김하면서 건포도를 먹는 간단한 행동은 우리가 좀 더 알아차리도록 훈련하는 것과 우울증 재발방지 및 삶의 큰 어려움을 다루는 것 사이의 연관성을 드러낼 수 있다.

[요약]

건포도 훈련과 그 이후의 대화는 참여자들에게 우리가 흔히 경험하는 방식과 경험 처리의 몇 가지 핵심적인 특징에 대한 경험적 학습을 제공할 수 있다.

- 만약 자동조종 상태에 있다면 우리의 기분이 변화하기 시작하는 것이나 처지기 시작하는 것을 볼 수 없다.
- 만약 의식적으로 주의를 집중할 수 있다면 매 순간 다른 것들이 보일 것이다. 이러한 탐구에 주의를 기울이고 가장 일상적인 활동에도 관심을 기울이는 것은 우리가 이전에 보지 못했던 경험의 측면을 드러낼 수 있으며, 그렇게 함으로써 그것들을 변화시킨다. 우리의 감각을 통해 얼마나 즉각적인 경험이 일어나는지 분명해진다. 이것은 오직 현재 순간에만 일어날 수 있다. 많은 경우 우리는 이로부터 "떨어져" 있고, 생각에 사로잡혀 있다. 이것은 "틀린" 것은 아니지만 종종 의도하지 않은 것이다.
- 마음은 흔히 기억과의 접촉을 통해 계속해서 현재 순간의 경험으로부터 연결을 만들어 간다. 이러한 연결로 마음이 정교해지는 과정과 이야기의 생성 과정이 시작될 수 있고, 마음이 과거를 분석하고 미래를 걱정하는 습관적인 패턴과 연관될 수 있다. 우리

는 대개 이것이 우리를 어디로 데려가는지 알아차리지 않고, 또한 우리 마음이 가는 곳을 선택하지도 않는다. 이를 통해 우리는 자동조종 상태일 때 힘든 상태의 마음에 얼마나 쉽게 사로잡히는지 볼 수 있다.

20

바디스캔 훈련*

우리가 친절하게 우리 몸에 주의를 둘 때

몸은 행복합니다(다른 살아 있는 존재처럼).

(Ajahn Sumedho**)

바디스캔은 첫 두 회기 동안의 주요한 공식 훈련이다. 참여자들은 MBCT 프로그램 시작 후 2주간 매일 집에서 녹음된 가이드의 도움을 받아 45분의 바디스캔 훈련을 한다. 대체로 바닥에 매트를 깔고 누워서 실시하며, 그게 여의치 않은 경우에는 의자에 앉아서 하는 것도 괜찮다. 자리를 잡은 후, 가이드에 따라 참여자

---

* 이 장의 일부는 Mark Williams, Rebecca Crane, & Judith Soulsby (2006a)의 미출판 유인물인 *The Body Scan-Aims, Intentions and Teaching Considerations*에서 가져옴.

** 2004년 9월, 영국 아마라바티(Amaravati) 불교 사원의 Ajahn Sumedho에 의해 진행된 수련회의 바디스캔 중의 담화.

들은 몸의 호흡의 움직임에 주의를 두고 체계적으로 몸의 부위들에 주의를 기울인다. 일반적으로 발가락에서 시작해서 머리로 올라온다. 바디스캔을 하는 동안 탐험, 호기심, 생명력 그리고 모험 중 한 가지와 함께 수용과 따뜻함의 느낌을 가지도록 한다.

바디스캔을 통한 배움

바디스캔을 하는 동안 참여자들은 다음의 것들을 배운다.

1. 신체 감각의 직접적인 경험과 연결되어 즉각적이고 직관적인 앎의 방법에 접근함.
2. 주의를 어디에 그리고 어떻게 두는지를 의도적으로 함.
3. 마음의 소요(逍遙)에 능숙하게 연결함.
4. 있는 그대로를 허용함.

이제 각 영역을 차례로 알아보자.

신체 감각의 직접적인 경험과의 연결

주의를 몸의 한 부분에 차례로 집중하면서 감각을 있는 그대로 알아차리고 부드럽게 탐구하는 능력을 키우는 것이 이 훈련의 주된 목적이다. 이것은 우리를 현재로 이끄는 데 도움이 되는데, 그것은 몸이 경험되는 순간이기 때문이다―바로 여기, 바로 지금. 바디스캔은 몸의 감각을 멀리서 바라보거나 생각하거나 그것에 대해 가설을 갖기보다는 직접적으로 "함께" 할 가능성을 길러 준다. 이런 식으로 해서 몸의 경험으로부터의 잠재적인 분리를 뒤바꾸는 것을 도울 수 있고, 우리가 몸에서 "편안함을 느낄 수" 있도록 돕는다.

의도적으로 주의를 어디에 그리고 어떻게 두는지 배움

바디스캔을 통해 우리는 주의를 몸의 이곳저곳으로 옮기면서 주의를 원하는 곳에 목표하고 유지시키는 것(Kabat-Zinn, 2005)과 의도적으로 관여하고 비관여하는 것을 배우게 된다. 우리는 주의를 좁은 각도에 집중하는 것(예를 들어, 왼쪽 엄지발가락의 감각에 둔 세밀한 주의)에서 넓은 각도에 집중하는 것(몸 전체를 크게 훑는 주의)으로 옮길 수 있는 법도 배운다. 따라서 바디스캔은 집중하는 능력과 주의를 경험에 돌리는 방식에 유연성을 갖는 능력을 발달시킨다.

참여자들이 몸의 각 부분에서 주의를 떼기 전에 이 부분으로 들어오는 들숨과 나가는 날숨의 호흡의 움직임을 상상해 보도록 요청된다. 이런 식으로 호흡을 몸의 각기 다른 부분으로 향하게 하는 것은 우리가 주의를 유도하기 위한 "매개체"로 호흡을 사용하는 것을 배우는 데 도움을 준다. 또한 학습을 위한 단계를 설정한다. 프로그램의 후반부에 이렇듯 몸에서 강렬한 감각을 경험하는 장소로 주의를 유도하는 방법을 사용한다.

마음의 소요(逍遙)에 능숙하게 연결함

마음이 슬슬 거닐며 이리저리 자유롭게 돌아다니는 것은 자연스러운 일이다. 하지만 종종 우리의 생각과 감정을 비정상적이고 잘못되고 받아들일 수 없는 것으로 판단하는 것을 발견한다. 이것은 일련의 내적 대화와 우울한 반추(brooding)를 촉발시킬 수 있다. 만약 이것이 문제를 해결하지 못한다면 우리의 생각과 감정을 억제하려고 노력할 것이다. 바디스캔을 하는 동안 우리는 이 모든 패턴을 다른 방식으로 다루는 것을 배운다. 단지 마음이 어디로 갔는지 인식하고, 그것이 있도록 의도한 곳으로 부드럽게 다시 가져온다. 알아채고 인식하고 주의를 다시 몸으로 돌려놓는 반복적인 훈련의 효과는 그 자체로 중요한 학습이 된다. 우리는 주의를 산만하게 하는 것에 반응하고 분석하는 데 주의를 기울일 필요가 없다는 것을 깨닫게 된다. 게다가 바디스캔을 하는 동안 어려움과 반복되는 마음의 소요의 가운데에서도 의도적으로 우리 자신, 마음과 몸에 따뜻함을 주는 것을 배운다.

있는 그대로를 허용함

바디스캔의 목적은 우리가 경험에 깨어 있을 수 있는 능력을 기르는 것이다. 비록 바디스캔이 이완하는 데 직접적으로 도움이 되지는 않지만, 많은 참여자는 효과가 있을 것이라는 희망을 가지고 훈련에 임한다. 많은 이가 이완을 경험할 수 있지만, 그만큼 차분하지 못함, 지겨움 또는 불편함도 자주 나타나는 특징임을 발견하게 된다. 비록 경험이 기대에 미치지 못할 때는 힘겹지만, 그것 자체가 "유용한 것"이다. 자신이 다른 것을 원한다는 것을 알게 되는 흔한 마음의 패턴을 명확히 볼 수 있도록 도와주기 때문이다. 몸의 감각을 있는 그대로 "함께 하는" 훈련을 통해 우리는 그러한 목표가 얼마나 만연해 있는지 그리고 그것이 우리에게 얼마나 어려움을 주는지를 배운다. 또한 우리가 그러한 것으로부터 물러서고, 추구하고, 내버려두는 것들을 의식적으로 선택하는 것을 배운다. 우리는 애쓰지 않음과 수용에 대해 배우고 있다.

[요약]

반복적인 바디스캔 훈련과 이로 인해 일어나는 경험을 탐구하는 것은 참여자들이 전반적인 MBCT 학습 과정의 기반이 되는 경험적인 이해를 발달시키도록 돕는다. 바디스캔을 통해 우리는 현재 순간 몸 안에서의 직접적인 경험과 "함께 있는" 것과 주의를 기울이는 것이 규칙적인 훈련을 통해 발달될 수 있는 기술임을 배운다. 또한 우리는 마음이 자동조종 상태로 들어가는 순간에 대해 더 자주 "깨어나서" 단지 우리가 의도한 곳으로 다시 주의를 돌릴 수 있음도 배운다. 그리고 우리가 원하지 않는 상태에 있을지라도 있는 그대로의 현재 순간의 경험에 자리 잡을 수 있고 또 그렇게 해도 괜찮다는 것을 배운다.

21

마음챙김 움직임 훈련[*]

움직임 훈련은 MBCT 프로그램 중 3주차에 집에서 하는 훈련이며, 프로그램 내내 교육의 일부에 통합되어 있다. 이는 "움직임 중의 명상"이다. 훈련은 보통 하타요가 동작에서 가져왔지만, 교육자의 훈련 경험에 따라 기공이나 태극권과 같은 다른 훈련에서 가져올 수도 있다. 걷기 명상 또한 배운다. 걷기 명상은 각 발걸음의 감각과 함께 존재하며, 다른 목적지 없이 그 자체의 목적으로 걷는 것이다. 마음챙김 움직임은 느리게, 매 순간 떠오르는 호흡 및 감각의 알아차림과 함께 이루어진다.

MBCT 교육자는 훈련의 시작부터 과정 전체에서 신체의 경계를 다루는 방법에 대해 명확하고 간결한 안내를 제공한다. 우리는 훈련 동안 매 순간 몸에서 "읽어 낸" 감각에 대한 우리의 알아

---

[*] 이 장의 일부는 Rebecca Crane과 Judith Soulsby (2006)의 미출판 유인물인 *Mindful Movement-Aims, Intentions and Teaching Considerations*에서 가져옴.

차림과 반응적인 선택을 하는 데 지침으로 사용하는 것을 배운다—스트레칭 하는 시간, 더 깊게 들어가거나 쉽게 물러날지의 여부, 적응할지 말지 그리고 그 방법, 혹은 이것 모두를 아예 하지 않을 것인가와 그 방법.

마음챙김 움직임을 통한 배움

1. 몸의 경험에 주의를 돌리고 함께할 수 있는 방법을 (다시) 배움.
2. 움직임 중의 몸을 알아차리는 것을 배움.
3. 움직임과 동작을 통해 삶의 경험과 과정을 체화함.
4. 우리가 취하는 습관적 경향을 봄.
5. 강렬함을 다루는 새로운 방법을 발견함.
6. 현재 순간의 수용을 경험함.

이제 각 영역을 차례로 알아보자.

몸의 경험에 주의를 돌리고 함께할 수 있는 방법을 (다시) 배움

바디스캔 및 정좌명상과 함께 움직임 훈련의 목적은 우리가 몸의 감각에 열려 있는 매 순간의 경험의 실재에 가까이 머무를 수 있는 것을 배우는 것이다. 이것은 우리를 몸의 느껴진 경험에 "정착시켜" 도움이 되지 않는 반추적 사고 과정에 초점을 맞추지 않도록 한다. 많은 참여자가 움직임 훈련 동안 만들어진 감각들이 감각 경험을 느끼는 데 더 실질적인 방식을 제공함을 알게 된다. 그들은 체화된 감각을 기억하고 재접촉(마음과 몸의 연결)하는 순간들을 더 자주 경험할 수 있다. 이는 전체성과 자기 삶의 새로운 가능성에 관련된 감각에 대한 짧은 경험을 제공한다.

움직임 중의 몸을 알아차리는 것을 배움

마음챙김 움직임 훈련은 몸의 움직임을 알아차리는 느낌을 통해 훈련 경험과 일상 사이를 연결하는 가교를 제공한다. 이는 하루 종일의 움직임에 대한 일상 경험으로 이어질 수 있다. 마음챙김 경험은 특히 훈련과 일상생활의 연결을 느끼는 데 유용하다.

움직임과 동작을 통해 삶의 경험과 과정을 체화함

움직임 훈련에서 과정들을 다루는 감정 경험은 일상에도 똑같이 적용될 수 있다. 예를 들면 다음과 같다.

- 균형을 잡는 동작들(balancing poses) 균형은 가만히 정지해 있을 때가 아니라 계속해서 자신을 회복하는 것을 통해 일어나는 것을 경험한다. 삶에서도 유사하다. 균형을 잡는 것은 우리가 성취한 종점이라기보다는 과정이다.
- 이행(transition), 예를 들어 누웠다가 일어나거나 혹은 앉았다가 눕는 것과 같이 연습 중 움직임 동작들 간의 단계는 미래의 의도를 가진 채 현재에 존재하는 훈련의 가능성을 제공한다. 가는 과정보다는 목적지에 집중하기 때문에 일상의

많은 경우에 우리는 이행 중 현재의 알아차림을 놓친다.

의도를 갖고 특정 방식으로 몸의 자세를 잡는 것은 우리의 정신적, 감정적 상태에 즉각적인 영향을 미친다. 예를 들면 다음과 같다.

- 뻣뻣하지 않게, 똑바로 위엄 있는 자세로 서 있는 것은[때로 "산의 자세(mountain posture)"로 알려지는] 삶에서 "자기 입장을 고수하고" "버티는" 것, 내면의 존엄성과 존경을 지니고 삶에 접근하는 것 그리고 힘을 돋게 하는 등의 감정 경험을 제공한다.
- 바닥에서 몸을 웅크리는 것은[때로 "아이 자세(child posture)"로 알려지는] 마음을 진정시키고 쉽게 하며, 자신을 보호하는 감정 경험을 제공한다.

우리가 취하는 습관적 경향을 봄

느리면서도 알아차리고 깨어 있는 방식으로 움직임 훈련에 관여하는 것은 우리가 삶의 대부분에 관여하는 방식의 배경이 되는 무의식적 습관을 볼 수 있는 틈을 제공한다. 예를 들면 다음과 같다.

- "애씀"의 영향을 봄 우리가 얼마나 자주 현재 하고 있는 일에 실제로 관여하지 않고 있는지, 몸의 부분들을 긴장시키

는지 경험한다. 시간이 지나면서 이러한 긴장은 습관화되고
고착될 수 있다.

- 작동 중인 "행위 모드"를 봄 어떤 것들을 성취하고자 하며,
일정 시간 자세를 취하고자 하거나 또는 우리 자신 및 타인
과 경쟁하고 싶어 하면서 "행위의 마음"으로 더 활동적인 형
태의 훈련에 관여하고자 하는 것은 쉬운 일이다.

강렬함을 다루는 새로운 방법을 발견함
움직임 훈련은 특정한 방식으로 신체의 경계를 다루도록 한다.

우리가 한계까지 조심스럽게 스트레칭을 하면서…… 우리는 신체에
전혀 도전이 되지 않는 것과 너무 밀어붙이는 것 사이의 창조적 공
간에 머물면서 그 한계에서 호흡 훈련을 한다.

(Kabat-Zinn, 1990, p. 96)

그리고

우리 자신에 대해 더 깊은 알아차림과 예민성을 발달시키는 과정에
서 우리는 늘 할 수 있는 한도 내에서 작업하고 있다.

(Meleo-Meyer, 2000)

순간마다 신체 감각을 알아차리면서 우리는 그것에 대한 인식,
생각 및 감정보다 경계의 실재를 발견하게 된다. 우리는 매 순간

몸에 어떤 것이 괜찮은지를 존중하고 존경하는 법을 배운다. 그동안 우리는 경계의 탐험을 발견의 과정으로써 다루어 왔다. 이러한 방식으로 신체 감각을 다루는 것을 "느낀" 경험은 우리의 생각 및 감정과 관련하여 무엇이 가능할지에 대한 경험을 제공한다. 따라서 참여자들은 이러한 움직임 훈련에서 권장되는 것과 동일하게 수용적이고 현재에 중심을 둔 방식으로 감정의 강렬함에 가까워지기 시작한다.

현재 순간의 수용을 경험함

우리는 지금 순간 그리고 또 다음 순간에 발견한 그대로의 우리 몸을 수용하는 훈련을 한다. 이런 식으로 우리는 매 순간 옳은 것을 존중하는 방법을 발견할 수 있고, 책임지고 스스로를 돌보도록 촉진하는 능동적인 선택을 하도록 우리 스스로를 강화시킬 수 있다(Kabat-Zinn, 1990).

[요약]

MBCT 프로그램에서 2주간의 바디스캔 훈련 후, 많은 참여자는 3주차에 소개되는 좀 더 활동적인 형태의 훈련을 즐긴다. 반복되는 바디스캔을 통해 종종 그들은 감각과 함께 현재에 존재하는 경험으로 "들어가는 느낌"을 느끼기 시작한다. 움직임 훈련은 움직이는 동안 이것을 연습할 기회를 제공한다. 이는 훈련이 일상에 통합되도록 돕는다.

22

정좌명상 훈련*

정좌명상 훈련은 2주차 이후 단계적으로 누적되는 방식으로
배운다(전체 개요는 16장 참조). 참여자들은 의자나 바닥에 쿠션
이나 명상 의자를 깔고 의식적으로 꼿꼿하고 편안한 상태로 앉
아 자세를 잡는다. 이는 "느껴진 감각" 또는 함양 가능한, 기민하
면서도 편안한 알아차림이라는 내적 특질을 체화시킨다. 교육자
는 주의를 두어야 하는 경험의 측면들에 대해 명료하게 안내한
다. 이 속에는 마음의 소요(逍遙)를 다루는 방식에 대한 안내와
훈련 중 마음챙김의 태도적 특성을 함양하는 것이 모두 통합되
어 들어 있다. 정좌명상을 하는 동안 의도적으로 경험의 각기 다
른 측면-호흡의 움직임 감각, 몸의 감각, 사고 및 감정, 어떤 특
정한 곳에 초점을 맞춘 주의를 두지 않은 경험 전체[때로 선택하

애 장의 일부는 Mark Williams, Rebecca Crane, & Judith Soulsby (2006a)의 미출판 유
인물인 *Sitting Meditation-Aims, Intentions and Teaching Considerations*에서 가져옴.

지 않는 알아차림(choiceless awareness)으로 불리는) 그리고 현재 어려움이나 시련에 마음을 돌리는 경험에 대한 마음챙김에 주의를 기울인다.

정좌명상을 통한 배움

훈련은 다음 영역들의 학습을 권장한다.

1. 몸의 경험에 "함께하는" 능력을 더 발달시킴.
2. 경험에 대한 마음챙김의 태도적 특성을 배움.
3. 마음을 안정시키고 고요하게 함을 배움.
4. 경험과의 새로운 관계를 발달시킴.
5. 마음의 작동 방식을 이해함.

지금부터 각 영역에 대해 차례로 살펴보자.

몸의 경험에 "함께하는" 능력을 더 발달시킴

정좌명상을 시작할 때 우리는 의자에 닿아 있는 몸의 감각이나 몸에서 느껴지는 호흡의 움직임 등과 같은 특정한 세부 경험으로 주의를 좁힌다. 이는 주의 용량을 차지하여 마음이 행위 모드로부터 떨어지는 것을 촉진하고, 존재 모드를 함양하도록 하여 길을 "잃을" 수 있는 기회를 더 줄인다.

정좌명상을 하는 동안 우리는 경험의 "느껴진 감각"에 동조하기 위해 몸의 알아차림을 사용한다. 이를 통해 우리는 즐겁거나 즐겁지 않거나 중립적인 것을 "읽어 내면서" 사건과 자극에 반응하는 방식과 마음의 직접적인 접촉을 발달시킨다. 우리는 발생하는 자극에 습관적으로 피하거나 밀어내는 반응을 하는 경향을 알아차리는 능력을 기르고 있다. 불쾌한 경험에 대한 반응은 종종 긴급한 충동이나 수축, 긴장 및 조임을 동반한다. 그것들은 우리의 깊은 역사를 대변한다. 우리가 물려받은 고대의 진화적 경향이 행동을 준비시킨다.

MBCT에서는 회피 반응을 알아채는 것에 특별한 관심이 있다. 5주차, 6주차 및 7주차에 참여자들은 정좌명상 훈련을 하는 동안 현재의 어려움에 마음을 기울이고(훈련 중에 떠오르건 혹은 일상생활에서 경험되는 어려움이건), 이것의 "느껴진" 경험을 다루게 된다. 여기에는 그 원인이 신체적이건 감정적이건 어려움과 연결되어 떠오르는 신체적 감각의 직접적 경험이 포함된다. 이것은 정신적 확산을 줄이고, 강력한 내부 경험들에 의해 압도되거나 그것들을 억압하지 않고 그 경험의 "파도를 타는" 데 도움이 된다. 분투하기보다는 수용하는 새로운 방식으로 회피적인 반응에서 숙고 반응을 선택할 가능성을 여는 것이 목적이다.

경험에 대한 마음챙김의 태도적 특성을 배움

정좌명상의 목적은 훈련에 수용과 부드러움 그리고 호기심의 감각을 불어넣으려는 것이다. 우리는 친절함과 자비의 마음으로 주의를 기울이는 것을 배운다. 이는 "기분이 괜찮지 않아도 괜찮아."라는 감각이다. 우리는 경험에 흥미와 호기심을 갖고 관여하는 것을 배운다. 몸-마음 체계에서 일어나는 것들에 깨어 있는 것은 관점의 전환을 가져온다. 이를 통해 우리는 경험에서 멀어지기보다는 가까이 다가갈 수 있게 되고, 우리가 원하지 않는 것을 회피하는 습관적 경향성을 바꿀 수 있게 된다.

마음을 안정시키고 고요하게 함을 배움

정좌명상을 하는 동안 우리는 의도적으로 주의를 기울이는 기술을 발달시킨다. 우리는 마음을 모으고 집중하는 방법을 배운다. 마음을 안정시키는 능력을 함양하여 더 넓은 경험에 마음챙김 주의를 기울이도록 하는 장을 마련하게 된다. 이 안에서 우리는 주의의 초점을 의식적으로 넓히거나 좁히는 것을 배운다. 예를 들면, 호흡에 대한 마음챙김에서 몸 전체에 대한 마음챙김으로의 전환이 주의의 확장이다.

경험과의 새로운 관계를 발달시킴

모든 마음챙김 훈련의 목적은 경험과 "탈중심화된" 관계를 발달시키는 것이다. 정좌명상을 하는 중에 이것이 우리가 하고 있는 것이며, 따라서 그 안에서 길을 잃지 않는다는 것을 알고 있는 채로 감각 경험과 함께 직접적이고 친밀하게 존재할 가능성을 함양한다. 그렇게 하면서 경험을 우리의 지각이나 해석과는 뚜렷이 다르게 있는 그대로 "받아들이는" 것을 배운다. 생각과 감정에서 탈중심화하는 것을 배움으로써 우리는 그것에서 보다는 그것에 관여할 수 있게 된다. 이처럼 더 폭넓은 관점을 갖게 하는 넓은 마음의 특성은 생각의 힘을 줄일 수 있는데, 우리는 이제 그것이 사실이라기보다는 "그저 생각"일 뿐이고, 따라서 그것과 동일시할 필요가 없다는 것을 경험할 수 있다.

마음의 작동 방식을 이해함

반복적인 정좌명상의 경험은 마음의 본질에 대해 더 깊이 이해하는 기회가 된다. 우리는 내면으로부터 모든 것이 유동적이고 변화하는 상태에 있다는 것을 알게 된다. 우리는 마음(생각과 감정)과 몸(충동, 회피, 수축)의 작용과 반작용의 반복되는 패턴을 본다. 우리는 몸과 마음속에서 모든 것이 어떻게 바뀌고, 움직이고, 변하고, 재발하는지를 보고 경험한다. 이러한 방식의 정기적인 훈련 경험은 경험의 내용을 주도하는 기저의 패턴과 과정을 인식할 수 있는 가능성을 제공한다. 우리의 생각이 우리에게 말하는 것들이나 쿡쿡 쑤시는 통증 같은 경험에 대한 우리의 습관적 초점을 느슨하게 하는 것은 우리가 반추하거나 억제하는 경향을 피할 수 있도록 해 준다.

[요약]

정좌명상 훈련은 바디스캔과 마음챙김 움직임을 하는 동안 발달된 학습의 기반 위에 세워진다. 알아차림의 장에서 떠오르는 생각과 감정을 인식하고 주된 주의를 호흡으로 돌리는 것에 더해, 명백히 그것과 관련된 몸의 감각을 알아차리는 것을 직접적으로 다루도록 한다. 이와 유사하게 순간 느껴진 그대로의 어려움이나 강렬함의 경험을 향하라는 명백한 초대도 있다. MBCT 수업의 다른 공식 훈련 회기처럼 각 정좌명상에서도 떠오른 배움을 촉진하고 통합하기 위한 교육자와 참여자 간의 대화가 이어진다.

23

3분 호흡 공간*

3분 호흡 공간(Three Minute Breathing Space: 3MBS)은 전체 프로그램의 본질과 긴 정좌명상의 요소들이 압축된 "미니 명상"이다. 3MBS의 주요한 목적은 일상생활의 구조 내에 훈련을 통합하는 것을 돕는 것이다.

3분 호흡 공간
3단계의 훈련이 있다.

1. 알아차리기 자동조종 상태에서 벗어나 현재 경험을 인식하고 안다.
2. 모으기 몸의 특정 부분에서의 호흡 감각에 주의를 기울인다.

예 장의 일부는 Rebecca Crane, Mark Williams, & Judith Soulsby (2007)의 미출판 유인물인 *The Three Minute Breathing Space in MBCT-Aims, Intentions and Teaching Considerations*에서 가져옴.

3. 확장하기 감지된 경험의 범위를 넓히면서 호흡의 특정 감각
   을 기준으로 고정하여 몸 전체로 주의를 확장한다(Segal et
   al., 2002).

3MBS의 사용과 적용은 8주 프로그램의 구조화된 방식 내에
포함되어 있다.

- 3주차: 미리 예정된 시간에 따라 하루 3번씩 3MBS를 훈련한다.
- 4주차: 미리 예정된 시간에 따라 하루 3번씩 3MBS를 훈련하
  는 것에 더해 불쾌한 기분을 깨달을 때마다 "대처"용으로 훈
  련한다.
- 5주차: 4주차에 설명된 과정에 추가적 요소를 더하여 훈련한
  다. 3단계 후 "몸의 문(감각의 알아차림)"을 보조 도구로 사용
  하여 훈련 후에 발생할 수 있는 모든 어려움에 대해 열려 있
  는 감각을 추가한다.
- 6주차: 4주차에 설명된 훈련에 3단계 후 자신의 생각에 다
  른 식으로 관여하기 위한 신중한 결정을 내림으로써 "생각
  의 문"을 여는 탐색의 가능성을 더하여 훈련한다(Williams et
  al., 2007b, p. 202).
- 7주차: 4주차에 설명된 훈련에 더해 "숙련된 행동의 문"을 열
  기 위한 호흡 공간을 사용할 가능성을 추가하여 연습한다
  (Williams et al., 2007b, p. 202). 여기서의 목표는 3MBS를 확
  장된 알아차림을 위한 방법으로 사용하는 것과 숙고하고 의

식적인 행동을 취할 수 있는 가능성을 열어 두는 것이다.

3분 호흡 공간을 통한 배움
훈련은 다음 학습을 돕는다.

1. 훈련을 일상생활로 확장함.
2. 다양한 효과에 주의를 둘 수 있는 유연성을 개발함.
3. 일상생활에서 다른 방식으로 경험에 관여함.

지금부터 이 내용들에 대해 차례로 살펴보자.

훈련을 일상생활로 확장함
3MBS는 학습과 공식 훈련의 경험을 일상생활에 통합하도록 돕는 중요한 부분이다. 이는 더 장기적인 훈련에서 경험될 수 있는 폭넓은 관점과 프로그램에서 배운 것을 발생한 어려움에 적용하는 실용적인 수단을 상기시킨다. 마음이 자동조종 상태에서 작동할 가능성이 높을 때 일상생활의 구조 내에서 마음 패턴의 본질을 탐구할 수 있게 한다. 신체 내부를 알아차리는 것의 연속성은 종종 일상생활에서 사라지는데, 3MBS는 자신의 중요한 정보의 원천과 다시 연결할 기회를 제공한다.

마음챙김 훈련은 한순간의 우리 마음의 본성이 다음 순간의 생각, 감정, 행동에 영향을 미친다는 것을 가르쳐 준다. 3MBS는 이 순간의 경험을 더 온전하게 인식할 수 있는 가능성을 열어 주기 때문에 이러한 폭넓은 알아차림은 현재의 알아차림 후 다음 순간을 어떻게 다룰 것인지 알려 준다. 이것은 참여자들이 힘든 경험에 대한 반응으로 3MBS를 사용하는 것을 탐색할 때 더욱 분명해진다.

다양한 효과에 주의를 둘 수 있는 유연성을 개발함

프로그램 전반에 걸쳐 참여자들은 자신의 주의에 관여하는 방식으로 유연성과 의도를 발달시키는 법을 배우고 있다. 3MBS의 각 부분은 특정한 의도와 효과를 지닌다.

3MBS의 1단계에서 우리는 마음-몸의 체계(mind-body system)에 현존하는 것을 인식하기 위해 넓은 각도의 주의를 사용한다. 이것은 우리가 하고 있는 것을 멈추고, 내부 경험을 훑어봄으로써 우리가 경험하는 대상과 방식을 느낄 수 있게 해 준다. 우리가 의도적으로 바른 자세를 취하거나 또는 어떤 자세를 취하든 간에 주의를 기울이는 것과 함께 이 모든 과정은 자동조종 상태에서 벗어나 우리의 경험으로 향하도록 돕는다.

3MBS의 2단계에서 우리는 호흡 감각에 좁은 각도의 주의를 모으고 고정시켜 현재 순간에 마음을 안착 및 안정시킨다. 이렇듯 주의를 구체적인 경험의 세부적이고 특정한 측면에 강하게 묶는 과정은 우리가 반추적 정신 활동에서 벗어나고 해방되도록 돕는다.

3MBS의 3단계에서 우리는 현재에 우리 자신을 고정시킴과 동시에 경험에 대한 더 넓은 관점을 펼치기 위해 넓은 각도의 주의

로 되돌아간다. 이는 신체 내 호흡의 움직임 감각에 계속 접촉을 유지하는 동시에 더 넓은 몸의 경험으로 주의를 확장시키는 것을 통해서 이루어진다. 이것은 현재에 고정하는 것을 유지하면서 자신의 경험을 보다 폭넓게 붙들고 있는 것을 인식하는 더 넓은 알아차림을 가능하게 한다. 여기에는 주의에 수용의 감각을 심어 주기 위한 특별한 의도가 있다.

일상생활에서 다른 방식으로 경험에 관여함

경험으로 "향할 수" 있는 능력을 개발하는 것은 MBCT 프로그램의 핵심이다. 현재 순간을 인식하고 힘들 때 그것을 사용하도록 격려하는 것에 명백하게 초점을 맞추는 3MBS의 목적은 어려움이 발생할 때 그것을 향하도록 하는 자신감과 기술을 발달시키는 데 중요한 실용적 지원을 제공하는 것이다. 우리가 제한된 마음의 공간에 있을 때 어떻게 경험을 다룰 수 있는지에 대해 다양한 선택이 있다는 것을 잊기 쉽다. 3MBS는 이러한 선택 사항을 인지할 수 있는 넓은 관점을 제공한다. Segal 등(2002)은 문을 여는 이미지를 사용하여 3MBS에 우리가 선택할 수 있는 추가적인 문이 있음을 드러낸다.

[요약]

3분은 명목상의 시간이다. 3MBS가 촉진하는 핵심적인 학습은 일상생활의 구조 안에서 우리가 경험과 직접적으로 접촉할 수 있는 가능성을 실현하는 것이다. 3단계의 과정은 우리 내부 경험과의 연결, 현재에 주의를 고정하는 것 그리고 그날의 활동으로 돌아가기 전에 더 폭넓은 알아차림에 접근하는 것을 촉진하는 구조를 제공한다.

24

집에서 하는 훈련의 중요성

능숙하고 효율적인 반응이 필요한 삶의 영역에서는

행위 모드를 사용하고,

그 대신 우리의 존재를 함양하는 데

에너지를 더 쏟아붓는 것이 현명하지 않은가?

(Williams et al., 2007b, p. 213*)

바디스캔, 정좌명상, 마음챙김 움직임 그리고 3MBS 훈련은 모두 "공식적"인 마음챙김 훈련의 예시들이다. 공식적이라는 것은 우리가 훈련을 위해 의도적으로 하루의 활동에서 약간의 시간을 따로 떼어 알아차림을 함양하는 연습을 하는 것을 의미한다.

Williams et al. (2007b), *The Mindful Way Through Depression: Freeing Yourself From Chronic Unhapiness,* New York: Guilford Press, p. 213.

MBCT 과정의 참여자들은 집에서의 엄격한 훈련 일정에 참여한 다. 그들은 8주 동안 매일 45분씩 공식적인 마음챙김 훈련을 한다.

왜 훈련해야 하나

마음챙김 훈련을 할 때 우리는 조사와 발견의 과정에 관여하 고 있으며, 부분적으로 새로운 기술을 배우고 있다. 이것들 가운 데 어느 것도 개념적 차원에서 일어날 수 없다. 그 과정은 개인 적이고 적극적인 참여를 요구한다. 우리 자신의 마음과 몸에서 작동 중인 것을 배우고 있음을 알게 될 때 조사 과정은 살아 있 고 의미 있게 된다. 악기 연주나 그리기 같은 새로운 기술을 배 우는 동안 선생님은 우리에게 기술에 "대해" 어느 정도는 말할 수 있다. 그러나 우리가 실제로 그 기술을 발달시키려면 정기적 인 훈련을 해야 한다. 배움이라는 것이 살아 있고 삶에 변화를 주는 것이라면 이것은 또한 마음챙김 훈련에도 해당될 것이다.

조사 과정으로서의 마음챙김은 우리가 상황을 특정한 방식으 로 설정할 것을 요구한다. 우리가 탐색하고 있는 마음의 습관 및 경향성의 행위 모드는 우리를 구성하는 아주 강력한 부분이기 때문에 그것들을 명확하게 보기 위해서는 매우 특수한 조건이 필요하다. 이것을 보는 방법 중 하나는 마치 실험 준비처럼 공식 적인 명상 훈련을 준비하는 것이다. 실험하기 전에 과학자들은 도구를 다듬고 교정하는 데 시간을 보내고는 한다. 이와 마찬가 지로 마음챙김 훈련을 할 때 우리는 마음의 패턴을 경험하고 볼 수 있는 창을 마련하는 최상의 기회를 획득하는 방식으로 우리 자신을 준비하는 데 시간을 보낸다. 따라서 우리는 방을 준비할 시간을 갖는다. 최선을 다해 어떠한 방해도 없도록 한다. 눈을 감거나 우리 앞에 있는 바닥을 부드럽게 응시함으로써 주의를 흐트러뜨릴 만한 외부의 방해를 최소화한다. 우리는 함양하고 있는 자질을 체화하는 위치에 자리 잡는다. 그리고 사물들을 있는 그대로 있게 하고 깨어 있고 수용하고자 하는 의도를 분명히 한다. 그러고 난 뒤 우리는 몸 안의 특정한 장소의 호흡 감각과 같은 경험의 측면에 의도적으로 "좁은 각도"로 주의의 초점을 맞추면서 명상 회기를 시작한다. 이것은 마음을 진정시키고 안정시키는 것을 촉진할 수 있다. 공식적인 명상 회기를 위해 이러한 방법으로 준비하고 나면 우리는 떠오르는 것을 떠오르도록 허락한다.

새로운 기술을 배우는 과정으로써의 마음챙김 또한 끈질기지만 부드러운 결정이라는 특별한 무언가를 필요로 한다. 새로운 기술을 배우는 것은 어느 정도의 에너지가 필요하지만, 이것은 완성해야 할 일이 있을 때 우리가 활성화하게 되는 의지의 노력과는 다르다. 마음의 행위 모드에 적용될 때 이러한 종류의 노력은 그것들을 악화시키고 층(layer)들을 부가하는 경향이 있다. 마음챙김 훈련은 때때로 양분과 보상이 될 수 있으며, 또 다른 때에는 지루함과 좌절감을 줄 수 있다. 훈련을 하면서 훈련 중 떠오르는 내용을 통해서가 아니라 그것을 지속하고 새로운 방식으로 그것과 관계를 맺는 방법을 통해 배움이 생긴다는 것을 깨닫기 시작한다.

훈련할 시간을 찾기

하루 일정에서 45분을 빼는 것은 우연히 일어나지 않는다. MBCT 과정에 참여한 Jane은 처음 몇 주간 좌절했다. 새로운 일에 자주 참여하는 그녀는 MBCT 프로그램에도 참여하기로 결정했다. 그녀는 교육자를 만났고, 과정 가운데 집에서 하는 훈련을 위한 준비도 했다. 그녀의 계획은 아이들이 학교에 있는 동안 훈련을 하는 것이었다. 하지만 그녀는 끝내야 할 일들이 계속 몰려들고 그것에 내몰린다는 것을 알게 되었다. 때로 그녀는 일단 아이들이 잠이 든 저녁에 훈련하기 위해 노력했다. 하지만 그 시간에는 너무 피곤해서 훈련 중 잠들지 않으려고 애쓴다는 것을 느꼈다. 그녀는 절망감과 실패의 기분을 느끼며 프로그램의 다음 회기에 참석했다. 교육자는 그녀가 "훈련에 들어가기" 경험에 호기심을 갖도록 초대했다. 그는 Jane의 일반적인 하루 일과를 함께 탐색했다. 긴 "해야 할 일" 목록과 모든 집안일이 끝날 때까지 자신에게 시간을 내줄 수 없다는 느낌이 있었다. 교육자는 Jane이 장난스럽게 조사하는 방식으로 이를 다루도록 격려했다. 다음 주까지 Jane은 아이들이 학교에 가고, 집안일을 시작하기 전 아침의 첫 번째 일로써 훈련을 하는 실험을 해 보았다. 이 작은 변화가 만들어 낸 차이는 상당했다. 그녀는 이것이 다음 날의 분위기를 만든다는 것을 발견했다. 그녀는 하루 종일 "밀린 일들을 끝내려고" 계속 노력하기보다는 집안일을 하면서 좀 더 꾸준히 훈련할 수 있다는 것을 발견했고, 지치지 않는 방식으로 해야 할 일들을 마쳤다.

　　마음챙김에 기반한 과정의 다른 많은 참여자와 마찬가지로 Jane도 훈련 시간을 내기 위해 자신의 스케줄을 조정하는 과정이 우리 삶에서 무엇을 하고 어떻게 그것에 접근하는지를 발견하는 중요한 길을 제시한다는 것을 알게 되었다. 마음챙김 훈련은 일반적으로 그 당시에 했을 수도 있는 다른 무언가를 놓는 것을 요구한다. 아마도 텔레비전을 보거나 자거나 집안일을 하고 있을 것이다. 그것은 우리 각자가 일상생활의 리듬과 습관 그리고 그것들이 우리에게 미치는 영향을 주의 깊게 살펴볼 것을 요구한다.

[요약]

MBCT 과정에서 회기에 소요되는 시간은 상대적으로 짧다. 과정의 중요한 근간은 매일 집에서 하는 훈련이다. 각 회기마다 항상 지난주 집에서의 훈련에서 떠오른 것을 탐색하는 시간이 있다. 프로그램 내의 모든 핵심적인 학습 주제는 집에서 하는 훈련과 관련된 참여자의 직접적인 경험을 조사하는 과정을 통해 나타날 수 있다. 이런 방식으로 배우는 것은 살아 있고 의미 있으며, 또한 영향력이 있다. 왜냐하면 우리의 경험을 통해 그것에 직접 연결되기 때문이다.

25

일상에서의 마음챙김 훈련

만약 우리가 삶 전체를 훈련으로 볼 의향이 있다면

깨어 있으려는 의도에 결부된

우리가 존재하지 않는 순간의 알아차림은

우리를 현재로 이끌어 준다.

(Saki Santorelli*)

마음챙김을 기반으로 한 프로그램의 전체 의도는 일상생활 속
에서 변화를 만드는 데 도움이 되는 것을 배우는 것이다. 공식적
인 마음챙김 훈련은 우리가 함양하는 것의 경험을 통한 감각을
우리에게 제공하는 데 필수적이다. 일상생활에서의 마음챙김 훈
련은 "비공식 훈련"으로 알려져 있는데, 이것은 훈련의 결실이

---

* Santorelli (1999), *Heal Thyself: Lessons on Mindfulness in Medicine*, New York: Bell Tower, p. 32.

가장 요구되는 곳에 살아 있도록 하는 데 필요하다. 마음챙김을 우리 삶의 "핵심"에 의도적으로 불어넣는 것의 효과를 상세히 탐색하는 것은 8주간의 마음챙김을 기반으로 한 프로그램의 특별하고 중요한 특징이다. 공식적인 훈련과 마찬가지로 일상에 훈련을 통합하는 것은 우연히 일어나지 않는다. 그러므로 이를 함양하는 데 있어 중요한 것은 의식적이고 의도적인 것이다.

일상 활동에서의 마음챙김

8주 프로그램의 시작부터 집에서 하는 훈련 일정 중에 의도적으로 일상적인 활동에 마음챙김 주의를 기울이는 것이 들어 있다. 참여자들은 매일하는 일 중에서 훈련을 위해 하나의 활동을 선택해야 한다. 이것은 샤워하기, 양치질하기, 아이들에게 책 읽어 주기, 설거지, 식사 준비 및 직장에 걸어가기 등일 수 있다. 평소대로 하면서 한 주 동안 이 활동을 할 때마다 발생하는 순간적인 감각 경험에 부드럽고 신선한 관심을 갖도록 장려한다. 그 다음 주에 그들은 이런 방식으로 또 다른 일상적인 활동에 함께 존재하는 실험을 하도록 초대된다.

각 회기마다 이에 대한 경험을 나누고 탐색하기 위한 시간이 주어진다. 이를 통한 관찰은 언제나 중요한 학습이 된다.

> 여섯 살 된 딸에게 책을 읽어 줄 때 느껴지는 친밀감이 좋았다. 대개
> 는 그 후에 내가 해야 할 일들이 얼마나 많은지 알고 있기 때문에 되
> 도록 빨리 끝냈었다.　　　　　　　　　　　　　　　　　(Elaine)

내가 존재할 때 가장 일상적인 활동이더라도 즐거울 수 있다는 것을
발견했다. 나는 밖에서 신선한 공기를 느끼고 하늘을 보는 것을 즐
겼다.

(Jenny-MBCT 프로그램의 2주차에 빨래를 너는 경험을 묘사하면서)

우리가 존재할 때 자발적인 즐거움의 순간에 더 쉽게 접근함을
발견하는 것은 뜻깊은 배움이다. 이것은 심지어 이전에 일상적이
거나 따분하다고 여겼던 활동에도 해당될 수 있다. 우리 삶의 많
은 부분이 그러한 일상적인 활동으로 가득 차 있다는 것을 주목
하는 것은 흥미로운 일이다. 일반적으로 "이것은 내가 진정으로
원하는 바를 이루기 위해 끝내야 할 일이다."라는 태도로 그것들
을 해 버리는 경향이 있다. 상상되는 미래의 가능성을 향해 우리
가 제쳐둠으로써(예를 들면, 모든 것을 끝내고 나서야 차 한 잔을 들고
편안하게 앉지 않는 것) 우리가 지금 우리에게 그 자체로 존재하는 것에
만족할 가능성을 계속해서 미루고 있음을 발견할 수 있다.

MBCT 프로그램의 2주차에 John은 지난주 매일 버스 정류장에
서 직장으로 걸어가는 동안 했던 마음챙김의 경험을 설명했다.

나는 그것이 정말 어렵다는 것을 알았다. 내 마음은 하루를 미리 계
획하는 것에 잡혀 있었다. 나는 내 생각들이 그렇게 활동적이라는
것을 몰랐다.

일상적인 활동을 마음챙김하려고 노력하면서 현재에 머무는

도전을 경험하는 것도 마찬가지로 드러날 수 있다. John의 마음
이 계획된 활동으로 지속적으로 되돌아왔기 때문에 주의는 계속
분리되었지만, 마음챙김을 해야 한다는 의도를 통해 그는 직장
으로 걸어가는 동안 그의 마음이 하는 일을 알아차릴 수 있었다.
그는 이러한 마음 활동에 동반되는 것으로 보이는 머리와 목 주
변의 조임을 알아차리기 시작했고, 이는 종종 두통의 전조가 되
었다. 그는 일반적으로 계획하고, 예측하고, 분석하는 이러한 과
정이 그가 무엇이 일어나는지조차 의식적으로 알지 못한 채 일
어나고 있다는 것을 깨닫게 되었다. 이전에는 종종 걸었다는 것
을 기억하지 못한 채 직장에 도착하고는 했다는 것도 알았다. 그
러나 지금은 도중에 있던 작은 세세한 일들을 알아차리기 시작
했다. 봄이었다. 꽃봉오리가 열리기 시작했고 벚꽃이 피었다. 그
리고 그는 길에서 눈익은 사람들을 보고 미소 지었다.

[요약]

단순하지만 우리 주변에서 일어나고 있는 일들을 "알고" 인식하는
짧은 순간들은 상당한 효과가 있다. 그 순간에 행동의 마음으로 향
하는 것을 중단한다. 일상적인 활동들을 마음챙김하는 것은 도움이
되지 않는 정신 상태에서 벗어나 마음의 존재 모드로 전환하는 것을
돕는 과정을 촉진할 수 있다. Elaine, Jenny 그리고 John이 발견한
것처럼 지금 하고 있는 것의 즉시성(immediacy)에 직접적으로 연결
하는 것은 예상치 못한 즐거움과 이득을 가져올 수 있다.

26

즐거운 경험과 불쾌한 경험

우리는 다양한 방법으로 주의(attention)를 함양한다. 우리는 단순히 지금 현재 어떻게 되어 가는지에 대해 개방적이고 수용적일 수 있다. 또는 경험의 특정 측면에 주의를 집중할 수 있다. 마음챙김에 기반한 프로그램의 2주, 3주 그리고 4주차에 우리는 유쾌하거나 불쾌하다고 인식하는 일들에 의해 생긴 감정을 조사하는 데 특히 집중한다. 이 장은 이와 관련한 프로그램 요소와 그것을 통한 배움에 대한 개략적인 설명이다.

즐거운 경험과 불쾌한 경험의 기록

2주차에 정해진 일정표 형식의 기록 시트*를 사용하여 매일의 즐거운 사건 경험을 기록하도록 참여자들에게 요구한다. 하루

---

* 즐거운 사건 및 불쾌한 사건 경험 기록에 대해서는 Williams et al. (2007b)의 *The Mindful Way Through Depression: Freeing Yourself from Chronic Unhappiness* 참조.

동안 자연스럽게 일어난 사건을 적도록 한다. 나무에서 떨어지는 나뭇잎을 보거나 친구와 인사하는 것 또는 차 한 잔을 마시는 것처럼 매우 작은 일일 수 있다. 사건이 발생하는 동안 무슨 일이 일어나는지 알아채도록 한다. 어떤 신체 감각이 나타나는가? 어떤 생각과 이미지가 나타나는가? 어떤 기분과 감정이 나타나는가? 나중에 사건을 기록할 때 참여자들에게 또한 지금 어떤 생각이 있는지도 기록하도록 요청한다. 프로그램 3주차에도 참여자들에게 같은 것을 하도록 하지만, 이번에는 불쾌한 사건의 경험과 관련된 것이다. 교통 체증에 갇혀 있는 것이나 바닥에 엎지른 물을 치우는 것, 또는 고객 상담에 전화하는 것 등과 같이 자연스럽게 일어나는 사건을 사용하도록 한다. 회기 동안 이러한 관찰과 기록의 과정에서 나온 경험들을 탐색한다.

즐거운 것, 불쾌한 것 그리고 중립적인 것

우리가 경험하는 감정의 범위는 광범위하고 복잡하다. 그러나 이 복잡함 속에는 우리가 느끼는 방식의 간단한 측면이 들어 있다. 직접적이고, 경험적이고, 직감적인 수준에서 우리는 끊임없이 내적, 외적 경험을 즐겁고, 불쾌하고 혹은 중립적인 것으로 기록하고 있다. 이를 학습하는 것은 MBCT 프로그램의 핵심으로 이어진다. 프로그램 전체에서 나타나지만 즐겁거나 불쾌한 경험 연습은 그것을 주목하게 한다.

즐거운 것과 불쾌한 것의 탐색을 통한 배움

불쾌한 경험이 회피로 이어지는 것을 알기

불쾌한 경험을 기록하는 일주일 동안, Geoff는 불쾌한 경험에 의해 촉발되는 회피 반응을 알게 되었고, 그것에 주의를 기울이면 경험이 어떻게 변하는지를 깨닫고 감동했다. 퇴근 후 집으로 오는 길에 교통 체증에 갇힌 것은 예상치 못했던 반갑지 않은 일이었다. 그는 피곤했고 집에 빨리 가고 싶었다. 갇혀 있는 동안 그는 바디스캔 훈련에서 배운 것처럼 주의를 몸 전체로 움직였다. 그는 긴장되어 있고, 얼마나 몸을 앞뒤로 밀고 있었는지 알았다. 그는 의도적으로 이와 관련된 근육들에 주의를 기울였고, 부드럽고 편안하게 몸을 차 좌석에 기대었다. 그는 그저 거기에 있는 것에 마음을 열었다. 그는 사무실에서의 활동과 가족들이 있는 집에서의 충만한 시간 사이에 잠시 멈출 수 있는 기회가 있음에 감사하고 있다는 것을 알게 되었다. 그는 이 조용한 순간을 더 활용하기 위해 라디오를 껐다.

회피에서 "접근"으로의 급격한 방향 전환에 걸린 시간은 1분이었다. 그날 저녁 Geoff와 가족들 간에 의미 있는 연쇄 반응이 있었다. 그가 감정에 "조율(tuning in)"하는 이 짧은 순간에 그는 불쾌함을 경험하고 난 뒤의 회피, 이 사건에 대한 육체적이고 감정적인 위축, 순환적인 부정적 생각 사이클에 이르는 우리 모두에게 익숙한 습관적인 일련의 반응을 중단했다. Geoff는 자신의 삶을 있는 그대로 경험할 수 있게 되면 자신이 사건에 "불쾌한"

혹은 "즐거운"이라는 이름표를 마음대로 붙일 수 있다는 사실을
발견했다.

여기서 중요한 점은 매 순간 일어나고 있는 일들에 친해지려는
움직임이다. 이 과정은 소외되고 벼랑 끝으로 밀려난 우리 경험
의 일부를 다시 연결하고 수용하도록 격려하는 전체 움직임의
한 부분이다. 우리 자신의 감정에 대한 "조율"에 민감해지는 것
은 경험적 회피와는 반대이다.

경험의 요소 분리하기

신체 감각, 생각, 감정으로 이루어진 우리 경험을 아는 것과 실
제로 이것이 상호작용하는 것을 직접적으로 경험하는 것 사이에는
엄청난 차이가 있다. George는 경험에 조심스럽게 주의를 기울
이고 그것을 일기장에 기록했던 일을 생생하게 설명했다.

……늦은 시간에 그날 일어난 일을 적고 있을 때, 나는 이 경험이 평
소와 얼마나 다르게 느껴졌는지 갑자기 깨달았습니다. 이 힘든 감정
들이 시련의 큰 "물방울"이 되는 것보다 그것들을 만들어 내는 또 다
른 모든 조각을 보기 시작했습니다…….

이 과정을 통해 그는 신체 감각, 생각, 감정 속에서 세상을 보
기보다는 자신의 경험이 그것들의 집합과 얼마나 관련되어 있는
지를 직접적으로 느꼈다. 그 모든 것과 밀접하게 동일시하지 않
고, 그것을 훨씬 덜 심각하게 받아들이고 있는 자신을 발견했다.

우리가 주의를 기울이는 방식에 편향이 있음을 알기

Jenny는 즐거운 경험보다 불쾌한 경험을 "포착"하고 기록하는 것이 더 쉽다는 것을 알게 되었다. 집단 내 참여자들이 녹음한 즐거운 작은 경험에 대한 이야기를 들음으로써 이런 일들이 그녀의 인생에서도 일어나고 있다는 것을 알았지만, 그것들에 주의를 기울이지 않았던 것이다. 그녀는 자기 삶의 즐거운 측면에 의도적으로 주의를 기울이기 위해 마음챙김 훈련을 하기 시작했다.

[요약]

즐거운 경험과 불쾌한 경험에 대한 탐험은 8주의 프로그램 내에서 우리가 습관적으로 경험에 관여하는 방식을 더 명확하게 해 주는 도구이다. 특히 그것은 회피와 집착의 자동적인 패턴을 밝히고, 5주차에는 이러한 주제들의 추가적인 탐색을 위한 장을 마련한다.

27

커리큘럼의 인지행동적 요소

CBT가 MBCT 프로그램에 통합되는 데는 대략 두 가지의 방법이 있다. 첫째, 우울증 재발이 촉발되고 유지되는 방식(2장과 14장 참조)의 기본적인 이해에 대한 정보를 교육 과정에 포함한다. 둘째, CBT에서 도출한 요소를 커리큘럼에 포함함으로써 통합된다. 이러한 방법을 사용하는 목적은 다양하다. 일부는 마음과 사고 과정의 본질적 측면을 밝히기 위한 마음챙김적 지향의 부분으로 사용된다. 또 다른 것은 우울증에 대한 정보와 교육을 제공하거나 우울증을 예방하거나 대처하기 위한 행동 지향적 전략을 개발하는 참여자들을 위해 CBT에서 개발되었던 방식으로 사용된다. 이 장에서는 이러한 커리큘럼 요소의 간략한 개요를 해당 회기별로 제시한다.

2주차

생각과 감정의 연습

이 연습의 주된 목적은 "우리의 감정은 상황에 따른 결과이며 해석(Segal et al., 2002, p. 143)"이라는 이해를 돕는 것이다. 참여자들이 편안한 자세로 자리를 잡고, 눈을 감고, 다음 장면에 있는 자신을 상상해 보도록 초대된다.

> 당신은 익숙한 거리를 걷고 있습니다. 길 건너편에 아는 사람이 있는 것을 봤습니다. 당신이 미소를 짓고 그 사람에게 손을 흔듭니다. 그 사람은 당신을 알아채지 못한 듯하고 그냥 지나갑니다.
>
> (Segal et al., 2002, p. 142)

이 상황에 대한 참여자들의 다양한 반응을 볼 때 상황에 대한 생각이 우리가 어떻게 느끼는지를 직접적으로 조정한다는 것이 확실해진다. 참여자들이 이끌어 내는 감정 반응의 범위는 보통 분노, 당황, 죄책감, 수치심 그리고 슬픔에서부터 거의 감정이 없는 것까지 다양하다. "아마 그 사람이 딴 데 정신이 팔려 있었을 거야."라고 생각하는 사람들은 별로 불편함을 느끼지 않는 반면, "아, 안 돼! 내가 뭔가 그 사람한테 끔찍한 짓을 했나 봐."라고 생각하는 사람들은 상당히 당황스럽고 불쾌함을 느낀다. 우리는 생각이 세상을 보는 "렌즈"를 만들어 낸다는 것을 알기 시작한다. 만약 우리가 다른 기분이었다면 이 상황으로 인해 도출될 생각들이 다를 것인가에 대한 대답은 만장일치로 "그렇다."일 것이다. 참여자들은 기분이 좋지 않을 때 상황을 부정적으로 해석할 가능성이 더 높다는 것을 확인하기 시작한다.

4주차

우울증의 영역 배우기

이 연습의 목적은 우울증의 임상적 양상을 교육하는 것이다. CBT에는 치료자와 내담자가 경험하고 있는 질환, 그 질환을 유지 및 지속시키는 것, 치료가 그러한 문제를 해결하는 데 어떻게 도움이 될 것인지에 대해 터놓고 이야기하는 협력적인 과정이 있다. MBCT에서도 과정 시작 전 개별 평가 및 오리엔테이션 시간에 참여자와 함께 이 중 일부를 탐색할 수 있지만(이에 대한 세부적인 정보는 18장 참조), 회기 자체에서는 참여자의 특정한 문제의 원인을 논의하지 않는다. 그렇지만 MBCT 커리큘럼에는 이 과정의 중요한 측면인 교육 요소를 위한 시간이 있다. 참여자들은 경험하는 질환의 주요 특징을 파악하는 과정을 거친다. 이 과정은 우울증(개인적 특징보다는 보편적인 특징을 봄으로써)과 "탈−동일시"하고, 증상에 대한 새로운 시각을 얻고, 고립되고 숨겨진 질환에 대한 공통된 경험을 공유하고, 그것을 수치스러운 재발로 보기보다는 그에 대한 정보를 더 알고, 재발 신호들을 인지하는 것을 촉진하여 더 일찍 능숙하게 조치를 취할 수 있도록 한다.

두 가지 도구를 사용하여 "우울증"이라고 불리는 사고방식, 행동, 느낌 및 기분의 묶음을 탐구하는 과정을 촉진한다. 첫 번째 는 "자동적 사고 질문지"이고, 두 번째는 "주요 우울 삽화의 진단 기준"*이다. MBCT가 다른 특성의 내담자 집단에 적용될 때는 다른 교육 자료를 사용한다.

6주차

감정과 대안적 관점의 연습

이 연습의 목적은 생각하는 것이 감정에 영향을 미칠 뿐만 아 니라 우리가 어떻게 느끼는지가 생각하는 것에 영향을 주는 것 을 아는 것이다. 연습을 위해 여러 가지 방법을 사용할 수 있다. 한 가지 방법은 집단을 둘로 나누는 것이다. 한 소집단에는 다음 의 장면이 제공된다.

당신의 관리자가 당신이 한 몇 가지 일을 비판했기 때문에 우울해하 고 있습니다. 잠시 후 당신은 사무실에 있는 다른 동료를 보게 되는 데, 그 동료는 멈출 시간이 없다고 말하면서 황급히 떠납니다. 당신 은 무엇을 생각하고 느낄까요?

또 다른 소집단에는 다른 장면이 주어진다.

---

* 두 가지는 Segal et al. (2002)의 *Mindfulness-Based Cognitive Therapy for Depression: A New Approach to Preventing Relapse*에서 복사할 수 있는 유인물임.

당신의 관리자가 당신이 한 일을 칭찬했기 때문에 행복합니다. 잠시 후 당신은 사무실에 있는 다른 동료를 보게 되는데, 그 동료는 멈출 시간이 없다고 말하면서 황급히 떠납니다. 당신은 무엇을 생각하고 느낄까요?

(Segal et al., 2002, p. 255)

시나리오의 뒷부분은 동일하지만 각각 다른 사건이 선행된다는 점에 유의하자. 각 소집단은 경험을 공유하러 모이기 전에 그들이 다른 장면에 따르는 생각과 감정들을 생성한다. 그 두 집단 사이의 차이는 대개 극적이다. 이 학습은 중요하다. 이 회기의 주제는 "생각은 사실이 아니다."이고, 이것은 놀라운 방식으로 조명된다. 매 순간 우리는 이전 순간의 경험의 결과를 "물려받는다." 우리가 배우는 마음챙김 기술은 우리의 관점을 인식하고 확대함으로써 이러한 반응의 고리를 깰 수 있는 기회를 제공한다. 해석이라는 것은 과거의 경험과 현재의 기분 상태를 포함한 많은 것에 의해 영향을 받는다는 점을 기억하는 것이 우리가 그것들을 좀 더 가볍게 여기는 데 도움이 된다. 우리는 해석이 반드시 진실의 표현이 아니라고 아는 것을 선택할 수 있다.

힘든 생각을 다루는 인지적 방법들

생각이 제한적이거나 힘들게 인식되는 시기에 3분 호흡 공간(3MBS)을 활용하는 것을 장려하기 위해서 3MBS가 주 6일로 확대된다. 3단계에 따라 참여자들은 의도적으로 생각을 다르게 다루기로 결정함으로써 "생각의 문"에 들어선다(Williams et al., 2007b). 이를 돕기 위해서 참여자들은 인지치료에서 힘든 생각을 다루기 위해 도출한 다양한 전략 목록이 담긴 유인물을 받는다. 제공되는 전략들은 생각 내용에 도전하는 전략이라기보다는 탈중심화적 관계를 촉진할 가능성이 가장 높은 전략들(예: 과로한 건가요? 사실과 생각을 혼동한 건가요?)이다.

7주차

이 회기는 우울증을 다루는 몇 가지의 행동 지향적 CBT 전략으로 진행되며, 멈추는 것과 현재 일어나고 있는 것을 파악하는 새로운 학습 기술을 통합하기 위한 모임이 된다. 우울증이 위협해 올 때 특정한 방법으로 조치를 취하기 위해 MBCT 참여자들이 이러한 근거 기반 전략을 배워 이익을 얻도록 하는 것이 이 회기의 목표이다.

활동과 감정의 관련성을 보는 법 배우기

참여자들은 일상생활에서 무엇이 그들에게 "영양분이 되고", 그들을 "고갈시키는지"에 대한 탐색을 하도록 안내받는다. 무엇이 "숙달"과 "즐거움"의 느낌을 주는가? 삶의 다양한 활동이 얼마나 "균형을 이루고" 있는가? 이 안에서 참여자들은 삶의 힘든 측면을 어떻게 "붙잡고" 있는지 탐색한다. 우울할 때 무엇을 해야 하는지에 대한 명시적인 지침이 주어진다. 먼저, 숨을 쉴 공간을 확보하고 "어떻게 하면 지금 당장 나를 가장 잘 돌볼 수 있을까?"를 염두에 둔 채 탐구하고 열린 마음으로 다음에 무엇을 할지 선택한다. 이것은 6주차에 논의된 방식으로 생각을 다루는 것이거나 혹은 어떤 식으로든 조치를 취하는 것일 수 있다. 조치를 취하는 방법에 대해 명확한 지침이 제공된다. 그 지침은 결과에 초점을 맞추기보다는 활동의 경험과 함께 실험하고 현재에 머무는 것이다.

6, 7, 8주차

재발방지 활동 계획 세우기

참여자들은 미래를 위해 개인적이고 독특한 재발방지 활동 계획을 개발하도록 안내받는다. 여기에는 잠재적인 재발의 경고신호로써의 감정 반응과 부정적 사고의 독특한 패턴을 아는 것, 향후 우울증과 무기력 및 자살 사고가 생길 때 취할 수 있는 개별화된 행동이 포함된다.

[요약]

마음챙김 기반의 프로그램 내에 CBT가 통합되는 것은 조심스럽고 의도적으로 이루어진다. 활용되는 CBT 요소들과 그것들을 가르치는 방법은 전적으로 마음챙김의 태도적 틀 안에 뿌리내리고 있다. CBT의 맥락에서는 이러한 연습이 치료 방식의 과정으로 들어가기 위한 기초로 사용되지만, 마음챙김의 맥락에서는 탈중심화를 촉진하고 마음의 본질에 대한 통찰을 심화시키며, 우울증 정보를 주고 우울증 재발 취약성을 다루는 것과 관련된 알아차림과 기술을 개발시키기 위한 명백한 목적으로 사용된다.

28

경험의 조사

이론을 가능한 한 잘 배우세요.

하지만 여러분이 살아 있는 영혼의 기적과 접촉할 때는

그것들을 치워 두세요.

(Jung*)

　마음챙김 훈련을 할 때 우리는 마음의 본질에 대해 조사하고 탐구한다. 이와 동일한 탐구 과정으로 마음챙김을 기반으로 한 프로그램의 참여자와 교육자 간 참여적인 대화에서의 상호적인 표현이 있다. 참여자와 교육자 사이의 대화는 MBCT 수업에서 각각의 연습 후에 이루어진다. 알아차린 모든 것에 대한 개방성을 체화한 교육자가 각 참여자도 일상생활의 매 순간 자신의 경

---

* Carl Jung의 명언은 많은 웹사이트에서 찾을 수 있음. 예: www.mindmendtherapy.com

험에 대해 개방성을 체화하도록 격려하는 것이 목표이다. 참여
자가 마음챙김 훈련에서 발생하는 직접적인 경험을 자신의 삶에
적용할 수 있는 학습으로 "변환" 하도록 촉진하기 때문에 이것은
교육 과정의 핵심이 된다.

조사 과정의 요소
MBCT 수업의 참여자와 교육자 간 대화의 목표는 다음과 같다.

- 참여자들이 훈련하는 동안 발견한 모든 내용을 이끌어 내고,
  이 과정을 통해 참여자들이 자신의 경험을 되돌아보고 탐구
  하도록 격려한다.
- 무엇이 발견되는지 확인하기 위해 이러한 관찰 내용에 대한
  대화를 통해 함께 작업한다.
- 이러한 관찰과 발견들을 프로그램의 목적과 연결한다.

[그림 28-1]은 중심의 동심원("당신의 직접적 경험은 무엇입니
까?")인 개인의 경험적 과정에서부터 개인의 학습적 맥락(개인의
패턴 알기, 경험에 주의를 돌리는 것의 효과 알기)으로 나아가고, 다
시 이 모든 것이 일상생활과 어떻게 관련이 있는지와 우울증의
도전을 다루는 것으로 이동하는 것을 도식으로 나타낸 것이다.
이러한 탐구 영역은 선형적이기보다는 참여자와 교육자 사이
의 대화 중 작동하는 다양한 잠재적 과정이다. 대화가 참여자의
직접적인 경험에 바탕을 두며, 참여하는 교육자 자신의 직접적

인 경험도 관련된다는 점이 중요하다. 따라서 대화는 교육자가 그들의 감각 영역 안에서, 그들 간에 함께 생성된 것들의 안에서 그리고 더 큰 집단과 함께 또 그 속에서 이루어지는 대화의 참여 안에서 의식적으로 "느낌"에 "조율하는" 것을 통해 전달된다. 반응은 이러한 "순간"의 알아차림에서 직관적으로 떠오른다. 조사를 위해서는 교육자가 "경청하는 능력을 더 향상시키고, 공간을 허용하고, 조언하고 싶은 충동을 자제하고, 대신 참여자 경험의 실재를 직접적으로 조사해야 한다."(Kabat-Zinn & Santorelli, 2005)

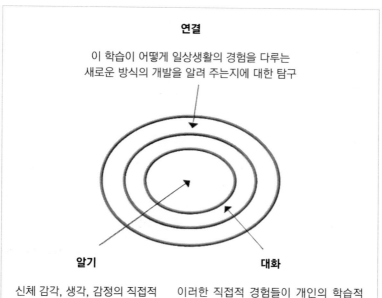

[그림 28-1] 조사 과정 내의 층위들

순간에 살아 있는 것

마음챙김을 기반으로 하는 과정에서 대화는 "의제"라는 느낌이 아니고, 개방적이고 탐구적이며 연민을 가지고 수용적인 방식으로 다른 사람과 함께 현재에 존재하는 방식이다. 이러한 반응적인 "순간의" 탐구는 참여자들에게 그들의 삶에서 현재-순간의 비판단적인 알아차림을 살아 있게 하는 잠재적인 가능성을 내포하고 있다.

따라서 현재 직접적으로 떠오르는 것을 다루는 것이 이 과정의 필수적이고 강력한 구성 요소이다. 교육자가 한 개인이나 집단의 즉각적인 것을 인정하고 존중하는 것보다 "교육 주제"를 전달하는 것을 우선시하는 순간 기회는 사라진다. 그럼에도 불구하고 전달해야 할 학습 주제들이 있다. 매 순간의 독특한 조화를 존중하고, 동시에 수업 내용을 가르치는 역동적인 긴장감은 숙련된 마음챙김 기반의 교육자가 함께해야 하는 많은 모순 중 하나이다. 이 모든 것은 교육자에게 많은 것을 요구한다. 교육자는 기꺼이 모든 취약성과 강점을 함께 지닌 온전한 인간이 되고자 해야 한다. 그것은 부드럽고 섬세한 과정이다.

태도적 기초

Jon Kabat-Zinn(1990)은 마음챙김 훈련을 뒷받침하는 일곱 가지 태도적 자질을 설명했는데, 이는 우리가 훈련을 통해 얻게 되는 태도이자 그 결과 모두를 가리킨다. 이러한 자질들은 마음챙김을 기반으로 한 회기에서 교육자와 참여자 간 상호 관여의 핵

심으로 자리 잡게 된다. 그 자질들은 조사 과정과 관련되기 때문
에 여기서 설명한다.

비판단

조사를 위한 대화는 해석이나 판단을 추가하지 않고, 있는 그
대로의 경험의 흐름에 친절한 알아차림을 제공한다. 이러한 방
식으로 경험에 판단과 자동 반응을 추가하는 내적 과정을 보다
명확하게 볼 수 있다.

인내

경험을 조사하는 과정은 지금 현재의 있는 그대로를 다룰 뿐
이고, 변화는 일어날 때가 되면 일어난다는 것을 이해하게 한다.

초심자의 마음

자신의 경험에 대한 호기심을 불러일으키는 것이 핵심 목표이
다. 그 과정이 최상일 때 신선하고 활기차게 느껴진다. 그것은
경험에 대해 "왜?"가 아니라 "어떻게?" 그리고 "무엇?"에 대한 참
여적인 탐구이다. 이는 과거 및 떠오르는 것의 이유를 분석하는
것을 피하려는 의도적인 목적을 돕는다. 따라서 참여자들은 선
입견을 통해 보는 것보다 현재에 머무르는 법과 지금 있는 그대
로의 경험에 대한 명확성을 발전시키는 법을 배우는 데 도움을
받는다.

신뢰

참여자들은 자신의 감각, 감정, 생각, 직관의 타당성에 대한 믿음을 발전시키도록 격려받는다. 조사 과정에서 교육자는 사적인 경험과 관련해서 참여자 본인의 전문성에 신뢰감을 전달한다. 따라서 조사에 따르는 훈련을 통해 각 개인은 명확히 볼 수 있고, 개인적인 경험을 탐구할 수 있도록 하는 구조와 과정뿐만 아니라 이 증거의 타당성을 믿을 수 있게 하는 격려도 제공받는다.

애쓰지 않음

교육자는 참여자와 함께 조사를 수행하는 동안 현재를 있는 그대로 있게 하는 태도 및 각 참여자도 있는 그대로 있게 하는 태도를 구현한다. 그 과정은 문제를 해결하려고 하는 것이 아니라 오히려 경험의 실재에 대한 알아차림과 그것을 그대로 두려는 의지를 드러내고자 하는 것이다.

수용

조사 과정에서 체화하는 것은 현재에 실재하는 것을 있는 그대로 볼 수 있는 개방성과 기꺼이 하는 마음이다—변화하기 위해 고군분투하지 않고 경험의 현실과 함께 하는 방법이다. 이 과정에서 자주 느끼는 고통은 숙련된 MBCT 교육자에 의해 제공되는, 존재에 대한 친절한 연민의 방식을 통해서 인식되고 "의도"된다. 많은 참여자가 프로그램 동안 발달된 자기 자비와 자신에 대한 호감이 MBCT 교육자의 수용과 친절한 태도를 통해 불붙기 시작했다고 이야기한다.

내버려두기

마음챙김 기반의 조사 대화는 내용에 얽매이지 않은 채, 현재에 머무르는 능력의 개발을 촉진하고 사고와 감정과 같은 경험의 발생과 경과를 인정한다. 직접적인 경험을 묘사하고 탐색하는 이 특별하고 의도적인 방법을 통해 참여자들은 도움이 되지 않는 경험에 대해 생각하는 습관에서 손떼는 것을 배우고 있다.

[요약]

탐구 또는 조사 대화 과정의 목적은 참여자들이 그들의 직접적 경험을 인지하고, 개인적 이해의 맥락에 경험을 위치시키며, 의식적인 알아차림을 위한 새로운 학습을 하고, 일상생활의 시련을 다루는 것과 관련된 이해와 기술들을 이 모든 것에 연결시키도록 촉진하는 것이다. 이러한 명백한 의도를 뒷받침하는 것은 참여자들이 그들의 폭넓은 경험을 새로운 방식으로 보고 경험할 수 있도록 하는 암묵적인 과정이다. 프로그램이 끝날 무렵, 참여자들이 삶과 관련된 탐구적이고 수용적인 방법을 내면화하기 시작할 것이라는 희망이 있다.

29

MBCT 교육 환경

8주간의 과정은 나를 위해

해야 할 일을 할 수 있는 장소를 제공했다.

(Lynne, MBCT 과정 참여자)

8주간의 마음챙김에 기반한 프로그램의 교육을 위해서는 독창적인 학습 환경이 조성된다. 특히 여기서 강조되는 측면은 의도적인 주제, 참여자와 교육자 사이의 관계 스타일, 경험적 학습 과정 그리고 학습이 일어나는 집단이다.

의도

특정한 형태의 학습을 위한 장을 만들기 위해서 특정 종류의 의도와 목적이 구축되어야 한다. 정기적인 마음챙김 훈련을 지속하려면 강한 의지, 지속성 및 동기가 필요하다. 하지만 만약 우리의 "할 일" 목록에 "훈련하기"를 추가하는 것 같은 관습적인 방법으로 접근한다면 우리는 마음의 "행위 모드"를 통해 마음의 "존재 모드"를 함양하는 접근을 하는 것이다. 이것은 우리가 함양하고 있는 것을 약화시키는 결과를 낳는다. 또한 초점이 맞춰져 있고 명확하며 지향성이 있고 애쓰지 않는 방식으로 작업하는 것의 조합은 마음챙김에 기반한 접근에 핵심적이고 내재된 역설을 형성한다.

알아차림 자체는 그것을 일어나게 하기 위해 "할" 필요가 없다. 그것은 모든 경험의 근본이다. 흥미로운 것은 경험에 주의를 기울이는 과정에 머무르고 눈을 뜨려는 의도를 갖는 것 외에 어떤 것도 하지 않는다는 것이다. 우리가 마음챙김 훈련을 하는 동안 하는 모든 것은 우리가 지속적으로 하는 것을 멈추는 법을 배우는 것이다. 이 과정에서 현재에 존재하고 경험으로 향하는 의도를 명확히 확립하는 데 가장 관심을 두어야 한다.

따라서 마음챙김 훈련은 우리가 그 과정에 가져오는 의도와 동기에 주의를 기울이도록 격려한다. 교육자는 참여자들이 훈련을 "개인적으로 가치 있는 목표"와 연결시킬 수 있도록 돕는다(Segal et al., 2002, p. 92). 이것은 매우 미묘하며, 언어의 신중한 사용(예: "호흡에 계속 주의를 기울이도록 하세요."라는 문구는 "놓칠 때마다 최선을 다해 다시 호흡으로 주의를 돌리세요."와는 상당히 다르다)과 교육 내내 "확고한 의도"와 함께 "애쓰지 않는" 자질을 표현하는 교육자를 통해 전달된다.

관계 학습

교육자가 참여자들에게 전달하는 자질은 프로그램에서 참여자들이 배울 자질을 반영한다. 따라서 1장에서 언급한 마음챙김의 정의는 관계의 본질을 잘 설명한다. 마음챙김은 특정한 방법으로 경험에 주의를 기울임으로써 생겨나는 의도적(교육자는 회기 내 참여자들과 관여할 때 신중하고 집중한다), 현재 순간의(교육자는 참여자들과 진심으로 함께 존재할 의도가 있다), 비판단적(교육자는 참여자들에게 깊은 존경과 수용의 정신을 가져온다) 알아차림이다.

참여자들과 교육자 간 관계 스타일의 또 다른 주요한 특징은 과정의 상호성이다. 조사 중인 마음의 모든 과정은 관계할 수 있는 경험의 연속선상에 있다. 따라서 교육자는 조사 과정에서 자신을 분리할 수 없다. 이러한 학습의 핵심인 모험 정신에서 회기 내의 탐구 과정은 모든 사람이 참여하는 협력적 모험이 된다. 여기에는 참여자와 교육자 모두가 비슷하게 관여하는 "공동 여정"의 느낌과 상당히 참여적인 학습 과정이 있다.

교육자는 이러한 학습이 일어날 수 있는 특별한 상황을 만들어 낼 큰 책임이 있지만, 그 이상은 참여자가 자신의 학습 과정에 대한 책임을 진다. 그 목적은 참여자가 자신만의 전문가라는 것을 알 수 있도록 하는 것이다. 그들은 이미 "관련된 경험과 기술의 자원"을 가지고 있다(Segal et al., 2002, p. 92). 이는 학습 과정 내에서 자신을 돌볼 것과 오직 지도에 따라 자신에게 적절하고 옳다고 느끼는 만큼만 참여하는 것을 강력하게 권유하는 것을 포함해 다양한 방식으로 전달된다.

George는 몇 달 후 MBCT 수업에 참여한 경험을 이야기하면서 그에게 있어 학습 과정 중 교육자의 태도가 중요했다는 점을 강조했다. 그는 교육자가 전문가로서가 아니라 자신과 동료 참여자들과 "함께" 참여했고, 자신과 경험과의 관계를 바꾸는 변화에서 중요한 역할을 했다고 느꼈다. 그는 생각의 엉킴에 대한 스스로의 비판에 발목 잡히지 않고, 이러한 마음의 과정이 보편적인 경험이라는 것을 깨닫기 시작했다. 그가 매 순간에 존재했던 것처럼 존중받고 주목받는 감정을 느꼈던 것은 자신과 이런 방식으로 함께 있는 것을 배우는 데 있어 점차 촉매제가 되었다.

경험적 학습

마음챙김 기반의 과정에는 개인적 경험에 대한 신중하고 세심한 관여에서부터 참여자들이 이러한 직접적인 "살핌"을 일상생활에서 활용 가능한 학습으로 "변환"하는 것을 돕는 학습 과정이 있다. 마음챙김 훈련과 집단 연습을 지도함으로써 교육자는 일련의 개인화된 학습 상황을 만들어 내고, 그 후 상황을 조사한다. 마음챙김 기반의 과정 내에서 경험적 학습은 몸에서 직관적으로 "느껴진 경험"을 감지하고, 감지된 것의 타당성을 신뢰할 수 있는 능력을 개발하는 것을 포함한다. 이것은 학습을 통해 일어나는 것의 기초가 된다. Teasdale(1999)은 상위인지적(metacognitive) 지식(생각이 늘 정확하지는 않다는 것을 아는 것)과 상위인지적 통찰(알아차림의 장에서 일어나는 사건으로서의 생각을 직접적으로 경험하기)을 구분한다. 마음챙김 훈련은 반추적 사고 패턴과 힘든 정서적 경험으로부터 능숙하게 분리하는 데 더 큰 효능이 있는 상위인지적 통찰을 발달시킬 수 있다. 이런 식으로 생기는 통찰은 "전구"와 같을 수 있다. 즉, 그것은 새로운 방식으로 이해를 밝혀 개념적인 통로를 통해 배우는 것보다 훨씬 더 큰 영향력을 지닌다.

집단 내에서의 학습

우리는 개인적 경험의 세부 사항에 관여함으로써 보편적인 패턴을 보게 된다. 이는 인간 마음의 일반적인 본질을 밝혀 준다. 학습이 일어나는 집단 또는 "수업"의 맥락은 의도적으로 이를 강조하기 위해 사용된다. 예를 들어, 교육자가 참여자와 함께 경험을 탐색할 때 그것은 집단 맥락과 암묵적 관여 안에서의 개인적 대화이다. 탐색되는 내용은 그 사람에게 특별한 것이지만, 드러나는 마음의 습관, 패턴 그리고 과정은 대부분에게 친숙할 것이다. 탐구 방법은 경험과 함께 존재하는 새로운 방식의 체화를 제공한다. 이러한 방식으로 서로의 경험을 목격함으로써 참여자들은 자신들이 경험해 온 방식으로 분투하는 것이 얼마나 정상인지 느끼게 된다. 그들은 모든 것이 개인적인 것이라기보다 얼마나 보편적인 것인지를 깨닫게 된다. 이것은 그 자체로 참여자들이 경험과 관계 맺는 관점과 태도를 바꾸는 데 핵심이 된다.

MBCT 수업의 교육과 참여에 대한 집단적 측면은 중요하고 강력한 경험이다. 여러 가지 면에서 참여자들은 매우 개인적이고 내적인 학습 과정에 참여하고 있다. 대부분의 회기 시간과 가정에서의 모든 훈련 시간은 자신의 경험을 혼자 탐색하는 것을 포함한다. 동료 참여자들과의 접촉과 더불어 마음챙김에 기반한 집단의 특징인 탐구의 특정한 방법으로 배움은 살아 있게 된다. 학습 과정 내에서 집단의 중요성을 고려하면 집단 과정을 관리하는 기술이 가장 중요하다는 것을 알 수 있다.

[요약]

MBCT 학습 환경의 본질은 특수하고 독창적이다. 참여자들 각자가 지닌 학습 과정에 대한 개인적 책임의 중요성을 감안할 때를 수행할 수 있도록 돕는 "그릇"의 함양은 교육자의 주요한 책임 중 하나이다. 특정 환경을 만들고 유지하기 위한 기술을 개발하는 것이 MBCT 교육자 연수 과정의 핵심이다.

30

체화를 통한 가르침

우리가 사랑하는 아름다움이 하는 일이 되게 하라.

(Rumi*)

MBCT를 교육하는 데는 강의, 집단 작업, 과정을 앞둔 참여자 집단과의 작업, 집단 구성을 위한 조직적 측면 등 다양한 역량이 필요하다. 이러한 기술들은 마음챙김 기반의 집단을 교육하는 특정한 요구들에 맞춰 "조율"되어야 하지만, 다른 맥락에서도 얻어질 수 있다. MBCT 과정의 본질을 성공적으로 전달하는 데 필수적인 핵심 기술은 마음챙김 특성을 체화해서 가르칠 수 있는 능력이다. 따라서 이 마지막 장에서는 전형적인 교육자 연수 과정의 개요에 초점을 맞춘다.

---

* Barks 등(1995)의 번역서 *The Essential Rumi*의 "A Great Wagon", San Francisco: Harper, p. 36.

체화 학습

핵심적인 마음챙김에 기반한 학습 접근법은 참여자들이 인간 됨이 무엇인지에 대한 경험과 이를 유지하는 방식의 조사를 깊이 탐구할 수 있는 환경이다. 실제로 이것이 진짜 의미하는 바를 말로 표현하기는 어렵지만, 이러한 깊은 차원이 진정으로 전개될 수 있도록 하는 교육 과정의 시기를 인지하는 것은 쉽다. 그곳에는 활기, 정직, 생기, 연결 그리고 존재의 느낌들이 담겨 있다.

교육자의 개인적인 연습이 교육 과정의 중요한 토대라는 것을 강조하는 임상가들의 일관되고 강력한 목소리는 마음챙김 기반 접근의 독창적 특징이다. 이는 교육자의 삶에 대한 실질적인 요구이고, 이것은 업무의 경계를 넘어 그들 삶의 모든 부분으로 이어진다. 이에 대한 탐색은 여기서 정당화된다. 그렇다면 개인적인 훈련을 한다는 것은 무엇을 의미하는 것이며, 왜 이것이 마음챙김 기반의 접근을 가르치는 데 필요한가?

개인적 마음챙김 훈련 방식의 요소들은 일상생활에서 공식적 및 비공식적 훈련을 하는 동안 함양된 알아차림(명확히 보는 것)의 발전이라는 1장의 핵심을 상기시킨다. 즉, 따뜻한 수용, 애쓰지 않음 및 호기심으로 특징지어지는 특정한 태도적 틀을 지닌 훈련과 삶을 뒷받침하는 의도, 인간의 삶이 무엇인지 그리고 괴로움은 어떻게 생기는지에 대한 살아 있는 탐구에 기꺼이 참여하려는 것이다. 이 모든 것은 일상생활에서 상당히 지속적인 결단과 전념을 필요로 하는데, 마음챙김 교육자들과의 접촉과 수련 상황에서의 지속적인 훈련이 이에 도움이 된다. 보람은 있지만, 훈련에 대한 전념은 쉽지 않다. 그것은 의도적으로 인정하기 어려운 자신의 측면에 직면하는 것을 포함한다.

마음챙김은 단순히 배우고 난 뒤 다시 앉아서 그 결과를 즐길 수 있는 기법의 집합은 아니다. 왜냐하면 훈련하는 동안 우리가 보고 다루는 만연한 습관이 인간의 본질적인 부분이기 때문이다. 우리는 각기 다른 수준과 방식으로 그것들을 탐구하고, 우리의 삶 전체에서 우리를 붙잡고 있는 그것들을 약화시킬 것이다. 마음챙김에 공명한 사람들에게 마음챙김은 삶과 세상 속에 존재하는 지향이자 방식이 된다. 기법이나 기술로서 마음챙김의 일부 요소를 배우는 것이 이득이라는 것을 부인하지는 않지만, 마음챙김의 완전한 잠재력을 이용 가능하게 된다면 그것은 단지 한 사람의 삶에 "추가"되는 것일 수는 없다. 우리는 프로그램의 수많은 참여자에게 훈련에 전념할 것을 요구한다. 마음챙김에 기반을 둔 교육자들을 위한 기본 원칙은 우리 자신의 많은 부분을 요구하는 것과 우리 모두가 학생이라는 점이다. 배움과 성장은 평생 참여해야 하는 것이다(Kabat-Zinn, 2003).

게다가 참여자들이 그들을 가르치는 사람이 자신들을 이끌고 갈 영역을 깊이 연구해 왔다는 확신을 갖는 것이 중요하다. 이 영역은 마음의 "존재 모드"이다. 다른 사람들이 그곳에서 길을 찾고 움직이는 것을 안내할 수 있으려면, 우리 스스로 그것을 탐구하고 어떻게 "행위 모드"가 집요하게 반복적으로 효력을 미치고 있는지 보는 것에 상당히 익숙해져야 한다. 개인적인 훈련을 통해 교육자들은 MBCT의 목표인 마음의 문제적 패턴이 행위 모드에서 생기고, 행위 모드에 의해 지속되며, 따라서 행위 모드에 의해 효과적으로 해결될 수 없다는 것을 배운다! Segal 등(2002, p. 76)은 다음의 어려움을 지적한다.

> 실제로 행위 모드로 들어가려는 경향이 매우 만연해 있기 때문에(특히 어떻게 "되는 것"과 같은 새로운 기술을 배울 때) 매우 단순한 학습 상황을 설정해야 하며, 교육자는 이러한 마음의 모드에 쉽게 들어가기 위해 어느 정도는 지속적으로 존재 모드를 체화해야 한다.

　주로 "행위 모드"를 통해 가르치는 마음챙김 기반의 교육자들은 비판적 사고와 문제 해결적 마음을 통해 사물을 보고 처리하는 기본적인 경향이 있을 것이다. 그들은 MBCT의 대상이 되는 마음의 패턴을 식별하지 못하거나 마음챙김에서 함양된 차별적인 과정을 명확히 표현하지 못할 수 있다. 그들은 자신의 마음 모드에 대해 제한된 지도를 갖게 될 것이다. 문제 해결적 마음을 통해 문제들을 다루려는 시도는 문제는 싸울 수 있는 것이고 고쳐질 수 있으며 문제만 없어지면 모든 것이 좋아질 것이라는 태도를 강화시킬 것이다(Segal et al., 2002). 마음챙김 훈련을 통해 자신의 과정이나 다른 사람들의 과정에서 어떤 것이 일어나기를 기대하거나 일어나기를 원한다면, 즉시 현재의 순간을 넘어서 개인적인 판단이 부여된 미래의 개념으로 옮겨가게 되는 것을 알게 된다. 이것은 현재의 순간을 있는 그대로 온전히 포용하고 수용하는 것과는 근본적으로 다르다.

마음챙김을 체화하고 있는 교육자는 개념적 이해보다 더 깊은 수준에서 현재 순간의 알아차림과 수용을 통해 경험과 세상에 직접 접촉하고 관여한다는 것이 무엇을 의미하는지 이해한다. 이를 통해 그들은 문제를 해결하기 위해 노력하지 않고 참여자들과 함께 깊이 존재하는 법, 자신의 취약성을 앎으로써 기꺼이 가르치는 법, 자신과 참여자에게 부드러움과 자비를 가져오는 법, 존재와 그것의 전개 속에서 신뢰할 수 있는 것을 배우는 과정에 충분히 익숙해지는 법 그리고 집단의 참여자들을 위한 의미와 공명하는 방식으로 경험의 섬세함을 표현할 수 있는 법을 배울 수 있다.

이러한 과정을 통해 교육자는 때때로 격하고 밀도 높은 마음챙김 수업의 환경에서도 비판단적이고 현재에 집중한 알아차림의 존재 모드 내에서 행동할 수 있게 된다. 따라서 교육자의 행동은 지금 이 순간의 충만함과 불확정성 및 대답을 몰라도 괜찮다는 개방성에서 비롯된다. 이것은 이전의 전문지식, 현재 상황의 주지화 또는 표현된 어려움을 해결하는 데 도움이 되는 무언가를 하고자 하는 내면의 욕구에 기초한 부분에 따르는 행동을 잠재적으로 제한하는 것과는 상당히 다르다.

이 모든 것은 위압적인 요구처럼 들린다. ……그리고 사실, 마음챙김에 기초한 수많은 교육자는 이 일을 할 준비가 되지 않았다고 말할 것이다. 하지만 그들은 여전히 회기 내에서 "드러내고", 자신의 인간적인 나약함, 불완전함과 자신의 전체성을 함께 가져온다. 많은 참여자는 이를 자신들에게 가능성과 잠재성을 불어넣은 (약간 궤적이 다르더라도) 같은 여정에 참여하고 있는 다른 존재와의 인간적 접촉이라고 표현한다.

MBCT 훈련 과정들

이 장과 책 전반에 걸쳐 강조된 바에서 볼 수 있듯이 MBCT는 CBT의 약간의 변형이 아니라 그 자체로 중요한 훈련인 마음챙김을 기반으로 한 학습 과정이다. 프로그램의 변형 가능성이 마음챙김 명상 훈련 중에 발생하는 관점의 접근에 의존하고 있는 것을 고려하면, MBCT 교육자들을 위한 전문 연수 과정도 이러한 관점을 함양하고 탐구할 수 있는 특별한 상황을 제공해야 한다. 간단히 말해 MBCT 연수는 마음챙김 훈련을 기반으로 한다.

교육을 지원하는 학습 과정은 인간이라는 것이 무엇을 의미하는지에 대한 생생하고 참여적인 조사를 포함하기 때문에 MBCT 교육자들이 이 작업에 도달하는 경로는 다양하다. 필요한 학습을 지원하는 개발 과정을 제공하는 일부 일관되고 일반적인 일련의 내용들과 다양한 연수 조직이 있다. 다음 부분은 일반적인 연수 과정에 대한 개요이다.

기본 연수

마음챙김 기반의 접근을 가르치기 위한 기본적인 "자격"은 마음챙김이 경험과 삶을 탐구하고 참여하는 방식이 되도록 하는 것이다. 당연히 각자가 자신을 위해 이것을 시험해 볼 것이 요구된다. 전문적 맥락에 마음챙김을 통합하는 것을 고려하기 전에 순전히 자신을 위한 경험적 학습 과정으로서 개인적인 마음챙김 훈련을 개발하는 것이 요구된다. 그 후 이 탐구와 개발을 더 진행할 것인지 결정하는 것이 가능할 것이다.

개인적인 마음챙김 훈련의 개발을 지원하는 다양한 방법이 있다. 비록 우리가 책을 읽음으로써 엄청난 영감을 얻을 수 있겠지만, 결국 경험 있는 교육자 및 다른 참여자와의 개인적 접촉없이 마음챙김 훈련을 지속하는 것은 어렵다. 마음챙김 가르침은 일반적으로 불교 전통에 따른 명상 훈련에 기반하지만, 신앙이 있거나 없는 사람들 모두에게 열려 있다. 8주간의 마음챙김 기반 과정에 참여하는 것은 훈련을 하는 데 있어 대중적이며 "응용된" 참여를 제공한다. 그리고 교육자 연수 전에 마음챙김 기반 프로그램의 커리큘럼과 과정에 상당히 익숙한 연수생이 되는 것이 중요하다.

개인적인 마음챙김 훈련의 토대는 교육 과정의 "기반"이 된다. 마음챙김 학습의 풍부함과 잠재성을 허용하여 참여자들에게 다가갈 수 있는 방식으로 MBCT 프로그램을 가르치는 것을 배우는 데는 장기간의 개인적 개발 과정에 전념하는 것을 포함한다. 하지만 MBCT 교육 연수생은 이러한 참여의 보상이 개인의 전문적 업무인 마음챙김을 가르치거나 통합하는 능력의 개발을 넘어서는 것을 경험한다.

교육자 예비 연수

수강생들은 다음 내용의 경험과 함께 예비 MBCT 교육자 연수에 들어간다.

- 교육을 위한 개발을 시작하기 위해서는 마음챙김 훈련의 개인적 경험이 충분히 깊어야 한다. 여기에는 마음챙김 기반 접근 방식에서 학습된 세 가지 주요 훈련(바디스캔, 정좌명상, 마음챙김 움직임)에 대한 정기적인 참여가 포함되어야 한다.
- 8주간의 마음챙김 기반 프로그램의 구조 및 과정에 익숙해진다.
- CBT처럼 구조화된 심리치료적 접근으로 훈련한다.
- MBCT를 가르치려고 계획을 세운 상황에서 전문적인 연수와 경험을 해야 한다.
- 집단을 이끌고 가르치는 기술과 경험이 있어야 한다.

이 단계는 종종 일주일간 워크숍 형태의 합숙 연수로 진행된다. 이것은 참여자들이 교육에 대한 지식과 능력의 개발과 함께 "내적" 훈련 기반의 탐색에 접근하고 개발할 수 있도록 하는 학습을 위한 그릇(container)을 제공한다. 훈련 기반의 학습은 "외적"이며, 보다 가시적인 학습 과정에 대해 마음챙김 방식으로 정보를 제공하고 "관여"할 수 있게 한다.

교육자 고급 연수

예비 연수를 이수한 후, 다음의 경험과 함께 연수생들은 MBCT 교육자 고급 연수에 들어간다.

- 여러 MBCT 과정을 가르친 경험

- 정기적인 마음챙김 훈련 워크숍에 참여
- 경험이 풍부한 마음챙김 기반의 교육자에게 받는 정기적 슈퍼비전 과정에 참여

이 수준의 교육자들은 MBCT 프로그램과 커리큘럼의 형태 및 구조에 대한 초기 탐구 수준은 넘어섰을 것이며, 교육과 학습 과정으로서 자신들이 지닌 마음챙김 기술을 다듬고, 그에 대한 이해를 더 심화시키는 방법을 탐구하게 될 것이다. 핵심 목표는 연수생들이 자신의 경험을 통해 스스로 가르칠 수 있는 능력과 자신감을 개발하도록 지원하는 것이다. 이것은 마음챙김 훈련, 교육 과정, MBCT 프로그램 형식의 깊은 경험에서 성장하는 경향이 있다. 발전 과정상 많은 교육자는 무엇이 필요한지에 대해 잘 아는 것을 통해 특정 방법으로 교육하고자 하는 것을 내려놓고, 더 폭넓고, 더 체화되어 있고, 창의적이며 포괄적인 과정에 관여하는 것을 경험한다. 이 연수는 일반적으로 일주일간 워크숍 형태의 합숙 연수로 구성된다.

지속적인 연수

MBCT 교육자들이 개인적인 마음챙김 훈련의 발전과 프로그램 교육을 평생의 학습 과정으로 간주하는 것이 중요하다! 완료의 지점은 없다. 마음챙김 기반의 프로그램을 특정한 방식으로 가르치는 능력을 지속적으로 유지하기 위해서 학습 과정에 계속 참여해야 한다. 여기에는 다음 사항이 반드시 포함된다.

- 일상적인 공식 및 비공식적인 훈련, 워크숍 합숙 참석, 마음 챙김 교육자와의 관계를 통해 개인의 마음챙김 훈련을 지속한다는 약속을 한다.
- 마음챙김 기반의 교육을 하고 있는 동료들과의 지속적인 접촉은 경험의 공유 및 협력적 학습을 배우는 수단으로 구축되고 유지된다(동료들에게 자신이 교육한 과정에 대해 직접적인 피드백을 받는 것이 특히 도움이 된다).
- 마음챙김 기반의 접근을 많이 경험한 교육자에 의해 자신의 교육에 대한 슈퍼비전을 받고 개인적인 훈련을 탐구하는 지속적이고 정기적인 과정이 마련되어야 한다.
- 표준적인 측정도구를 사용하여 참여자들의 경험과 결과를 평가한다.

[요약]

MBCT는 현대 과학, 이론 및 임상적 이해와 2500년의 마음챙김 명상 교육 전통에서 도출한 훈련을 통합한다. 근거 기반의 임상 접근법으로서의 성공을 통해 볼 때 "자격을 갖춘" 교육자가 되고 싶어 하는 임상가들이 많은 것이 이해가 된다. 이를 충족시키기 위해 MBCT 연수 과정은 연수생 자신의 내적인 직접적 경험에 대한 연구와 지혜, 부드러움, 연민을 길러 주는 지속적인 전념에 중점을 두어야 한다. 과정은 쉽게 측정하거나 평가될 수 없다!

더 읽을거리

배움의 폭을 넓히고자 하는 사람들을 위해 추가적인 읽을거리, 웹사이트, 교육 기관 및 워크숍 센터에 대한 몇 가지 사항을 제공할 것이다. 치료 내의 인지행동 접근은 잘 확립되어 있고 치료에 대한 정보도 쉽게 이용할 수 있기 때문에 주로 마음챙김 기반의 훈련과 임상 적용에 초점을 맞춘다.

개인 훈련의 개발과 지원

선택할 수 있는 많은 마음챙김 교육자와 센터가 있다. 영국 Devon의 Gaia House(www.gaiahouse.co.uk)와 그 자매센터인 미국 매사추세츠의 Insight Meditation Society(www.dharma.org)에서 MBCT 프로그램과 유사한 정신(spirit)과 형태로 마음챙김 훈련을 가르치고 있어 특히 추천할 만하다.

마음챙김 훈련을 위해 가이드 된 녹음 내용은 집에서 훈련할 때 상당한 도움이 된다. Jon Kabat-Zinn의 CD를 www.mindfulnesscds.com에서 구할 수 있다. Oxford Mindfulness 센터(www.mbct.co.uk)와 Bangor 대학의 마음챙김 연구 및 훈련 센터(www.bangor.ac.uk/mindfulness)에서도 실제 MBCT 프로그램에서 사용하는 훈련 내용을 구할 수 있다.

전문 연수

연수 과정과 조직들이 빠르게 발달하고 있다. 영국에는 MBCT 교육자 연수를 제공하는 세 개의 대학 기반 기관들이 있다.

1. Bangor 대학 심리학부의 마음챙김 연구 및 훈련 센터에는 마음챙김 기반 과정 교육 전공과 일반적 마음챙김 기반 접근의 전공인 2개의 석사 학위(이학석사 및 문학석사) 과정이 있다. 또한 센터에는 종합적인 지속적 전문가 발달 프로그램도 있다(www.bangor.ac.uk/mindfulness).

2. Exeter 대학에는 MBCT 전공의 준석사(Postgraduate Diploma) 과정이 있다(www.ex.ac.uk).

3. Oxford 대학에는 MBCT 전공의 석사 과정(www.mbct.co.uk), Oxford 인지치료센터에서 제공하는 다른 MBCT 훈련 과정이 있다(www.octc.co.uk).

북미의 MBCT 웹사이트(www.mbct.com)에서 미국과 일부 유럽에서의 개발 정보를 제공하고 있다. MBSR 연수 또한 MBCT 교육을 위한 훌륭한 준비가 될 수 있다. MBSR 연수 기회에 대한 더 자세한 정보는 미국 Massachusetts 의과대학의 의학, 의료 및 사회 부문의 마음챙김 센터에서 얻을 수 있다(www.umassmed.edu/cfm).

관련 도서

MBCT에 관한 중요한 책은 다음의 두 권이다. Segal, Williams 및 Teasdale의 *Mindfulness-Based Cognitive Therapy for Depression: A New Approach to Preventing Relapse*와 Williams, Teasdale, Segal 및 Kabat-Zinn의 *The Mindful Way Through Depression: Freeing Yourself from Chronic Unhappiness*다. 둘 다 놀라울 정도로 잘 쓰였고, 유용한 정보가 많으며 이해하기 쉽다. 첫 번째 책은 치료자들과 임상가들을 대상으로 하여 접근법의 개발 및 이론적 기초를 설명하고 회기별 탐색 내용을 제공한다. 두 번째 책은 우울증을 다루는 방법으로 마음챙김 훈련을 탐구하는 사람들을 위한 자조(self-help) 가이드이면서 또한 임상가에게도 최신 과학적 이해에 대한 사용자 친화적인 가이드와 작업에 대한 자비의 창을 제공한다.

Kabat-Zinn의 첫 번째 책인 *Full Catastrophe Living*은 이해하기 쉽고 관여적인 방식으로 MBSR 프로그램을 설명한다. 이는 마음챙김의 임상 적용의 발달 과정에 대한 배경지식을 얻고 싶은 사람들을 위한 기초적인 도서이다. 그는 또한 개인 훈련의 발달에 훌륭한 도움 도서가 되는 *Wherever You Go, There You Are* (영국에서는 Mindfulness Meditation in Everyday Life로 출판됨)와 폭넓고 광범위하면서도 삶과 세상 속에서 가능한 마음챙김의 깊은 개인적 탐색을 제공하는 *Coming To Our Senses: Healing Ourselves and the World Through Mindfulness*를 집필했다.

엄선한 추가 도서 목록

Baer, R. E. (2005) *Mindfulness-Based Treatment Approaches: Clinician's Guide to Evidence Base and Applications.* San Diego, CA: Academic Press.

Feldman, C. (2004) *The Buddhist Path to Simplicity: Spiritual Practice for Everyday Life.* Lanham, MD: Element.

Germer, C. K., Siegel, R. D., & Fulton, P. R. (2005) *Mindfulness and Psychotherapy.* New York: Guilford Press.

Goldstein, J. (1993) *Insight Meditation: The Practice of Freedom.* Boston: Shambhala.

Greenberger, D., & Padesky, C. (1995) *Clinician's Guide to Mind Over Mood.* New York: Guilford Press.

Hayes, S., Follette, V., & Linehan, M. (Eds.) (2004) *Mindfulness and Acceptance: Expanding the Cognitive Behavioral Tradition.* New York: Guilford Press.

Kornfield, J. (1994) *A Path with Heart.* New York: Bantam.

Nhat Hanh, T. (1991) *The Miracle of Mindfulness.* London: Rider.

Rosenberg, L. (1999) *Breath by Breath: The Liberating Practice of Insight Meditation.* Boston: Shambhala.

Salzberg, S. (1997) *A Heart As Wide As The World. Living with Mindfulness,* Wisdom and Compassion. Boston: Shambhala.

Santorelli, S. (1999) Heal *Thyself: Lessons on Mindfulness in Medicine.* New York: Bell Tower.

▬
참고문헌

Baer, R. A. (2003). "Mindfulness training as a clinical intervention: A conceptual and empirical review", *Clinical Psychology: Science and Practice*, *10*(2): 125–143.

Barks, C., Moyne, J., Arberry, A. J., & Nicholson, R. (Translators) (1995). *The Essential Rumi*. San Francisco: Harper.

Beck, A. T., Rush, A. J., Shaw, B. F., & Emery, G. (1979) *Cognitive Therapy of Depression*. New York: Guildford Press.

Beck, C. Y., & Smith, S. (1994). *Nothing Special: Living Zen*. San Francisco: Harper.

Blacker, M. (2002) "Meditation.", In M. A. Bright (Ed.), *Holistic Health and Healing* (p.105). Philadelphia: F. A. Davis Company.

Crane, R. S., & Soulsby, J. G. (2006). *Mindful Movement–Aims, Intentions and Teaching Considerations*. Bangor University, UK: unpublished handout.

Crane, R. S., Williams, J. M. G., & Soulsby, J. G. (2007). The Three-Minute Breathing *Space in MBCT-Aims, Intentions and Teaching Considerations*. Bangor University, UK: unpublished handout.

Davidson, R. J., Kabat-Zinn, J., & Schumacher, J. (2003). "Alterations in brain and immune fuction produced by mindfulness meditation", *Psychosomatic Medicine*, *65*(4): 564–570.

Elias, D. (2006). *Mindfulness as a Process and a Practice*. Bangor University, UK: unpublished notes.

Farb, N. A. S., Segal, Z. V., Mayberg, H., Bean, J., McKeon, D., Fatima, Z., et al. (2007). "Attending to the present: Mindfulness meditation reveals distinct neural modes of self-reference", *Social Cognitive and Affective Neuroscience*, *2*: 313–322.

Grossman, P., Niemann, M. A., Schmidt, S., & Walach, H. (2004). "Mindfulness-Based Stress Reduction and health benefits: A meta-analysis", *Journal of Psychosomatic Research*, 57(1): 35-43.

Gunaratana, B. H. (2002). *Mindfulness in Plain English*. Boston: Wisdom.

Hayes, S. C., Wilson, K. G., Gifford, E. V., Follette, V. M., & Strosahl, K. (1996). "Experiential avoidance and behavioral disorders: A functional dimensional approach to diagnosis and treatment", *Journal of Consulting and Clinical Psychology*, 64(6): 1152-1168.

Hollon, S. D., DeRubeis, R. J., Shelton, R. C., Amsterdam, J. D., Salomon, R. M., O'Reardon, J. P., et al.(2005). "Prevention of relapse following cognitive therapy vs. medications in moderate to severe depression", *Archives of General Psychiatry*, 62: 417-422.

Ingram, L. C. (2005). *A Qualitative Evaluation of Mindfulness-Based Cognitive Therapy for Oncology Outpatients*, unpublished MSc dissertation. Bath, UK: University of Bath.

James, W. (2007). *The Principles of Psychology*. New York: Cosimo Classics.

Kabat-Zinn, J. (1990). *Full Catastrophe Living: Using the Wisdom of your Body and Mind to Face Stress, Pain and Illness*. New York: Delacorte.

Kabat-Zinn, J. (1994). *Mindfulness Meditation for Everyday Life*. New York: Hyperion.

Kabat-Zinn, J. (2003). "Mindfulness-based interventions in context: Past, present and future", *Clinical Psychology Science and Practice, 10*: 144-156.

Kabat-Zinn, J. (2005). *Coming to Our Senses, Healing Ourselves and the World Through Mindfulness*. New York: Hyperion.

Kabat-Zinn, J., & Santorelli, S. (2005). *Mindfulness-Based Stress Reduction Professional Training Manual*. Worcester, MA: Center for Mindfulness, UMass.

Kenny, M. A., & Williams, J. M. G. (2007). "Treatment-resistant depressed patients show a good response to Mindfulness-Based Cognitive Therapy", *Behavioral Research and Therapy*, 45(3): 617-625.

Kingston, T., Dooley, B., Bates, A., Lawlor, E., & Malone, K. (2007).

"Mindfulness–Based Cognitive Therapy for residual depressive symptoms", *Psychology and Psychotherapy: Theory, Research and Practice, 80*(2): 193–203.

Kupfer, D. J. (1991, May). "Long-term treatment of depression", *Journal of Clinical Psychiatry, 52*(Suppl.): 28–34.

Kupfer, D. J., Frank, E., Perel, J. M., Cornes, C., Mallinger, A. G., Thase, M. E., et al. (1992). "Five-year outcomes for maintenance therapies in recurrent depression", *Archives of General Psychiatry, 49*: 769–763.

Kuyken, W., Byford, S., Taylor, R. S., Watkins, E. R., Holden, E. R., White, K., et al. (2008). "Relapse prevention in recurrent depression: Mindfulness–Based Cognitive versus maintenance anti–depressant medications", *Journal of Consulting and Clinical Psychology*.

Lewis, G. (2002). *Sunbathing in the Rain: A Cheerful Book on Depression*. London: Flamingo.

Ma, S. H., & Teasdale, J. D. (2004). "Mindfulness–Based Cognitive Therapy for depression: Replication and exploration of differential relapse prevention effects", *Journal of Consulting and Clinical Psychology, 72*(1): 31–40.

Meleo-Meyer, F. (2000). *Mindful Movement Practice Tape*. Worcester, MA: Center for Mindfulness, UMass.

Murray, C. J. L., & Lopez, A. D. (1996). The Global Burden of Disease: A Comprehensive Assessment of Mortality, *Injuries and Risk Factors in 1990 and Projected to 2000*. Cambridge, MA: Harvard School of Public Health and the World Health Organization.

National Institute for Clinical Excellence (NICE) (2004). *Depression: Management in Primary and Secondary Care*, Guideline 23, p. 76.

Post, R. M. (1992). "Transduction of psychosocial stress into the neurobiology of recurrent affective disorder", *American Journal of Psychiatry, 149*: 999–1010.

Santorelli, S. (1999). *Heal Thyself: Lessons on Mindfulness in Medicine*. New York: Bell Tower.

Segal, Z. V., Williams, J. M. G., & Teasdale, J. D. (2002). *Mindfulness–Based Cognitive Therapy for Depression: A New Approach to*

Preventing Relapse. New York: Guilford Press.

Surawy, C., Roberts, J., & Silver, S. (2005). "The effect of mindfulness training on mood and measures of fatigue, activity and quality of life in patients with chronic fatigue syndrome on a hospital waiting list: A series of exploratory studies", *Behavioral and Cognitive Psychotherapy, 33*: 103–109.

Teasdale, J. D. (1988). "Cognitive vulnerability to persistent depression", *Cognition and Emotion, 2*: 247–274.

Teasdale, J. D. (1999). "Metacognition, mindfulness and the modification of mood disorders", *Behavioural and Cognitive Psychotherapy, 6*: 146–155.

Teasdale, J. D. (2006). "Mindfulness–Based Cognitive Therapy for depression", In D. K. Nauriyal, M. S. Drummond & Y. B. Lal (Eds.), *Buddhist Thought and Applied Psychological Research: Transcending the Boundaries* (pp. 414–430). London: Routledge Curzon.

Teasdale, J. D., Segal, Z. V., & Williams, J. M. G. (1995). "How does cognitive therapy prevent depressive relapse and why should attentional control (mindfulness) training help?", *Behavioral Research and Therapy, 33*: 25–39.

Teasdale, J. D., Segal, Z. V., & Williams, J. M. G. (2000). "Prevention of relapse/recurrence in major depression by Mindfulness–Based Cognitive Therapy", *Journal of Consulting and Clinical Psychology, 68*(4): 615–623.

Teasdale, J. D., Segal, Z. V., & Williams, J. M. G. (2003). "Mindfulness training and problem formulation", *Clinical Psychology: Science and Practice, 10*(2): 157–160.

Welwood, J. (2000). *Toward a Psychology of Awakening, Buddhism, Psychotherapy and the Path of Personal and Spiritual Transformation.* Boston: Shambhala.

Williams, J. M. G. (2008, April). "Mood, memory and mindfulness", Keynote Address to 6th Annual Conference for Center for Mindfulness in Medicine, Health Care, and Society, University of Massachusettes Medical School.

Williams, J. M. G., Alatiq, Y., Crane, C., Barnhofer, T., Fennell, M. J. V., Duggan, D. S., et al. (2007a). "Mindfulness–Based Cognitive Therapy (MBCT) in bipolar disorder: Preliminary evaluation of immediate effects on between-episode functioning", *Journal of Affective Disorders*, *107*(1–3): 275–279.

Williams, J. M. G., Crane, R. S., & Soulsby, J. G. (2006a). *The Eating a R aisin Practice–Aims, Intentions and Teaching Considerations; The Body Scan–Aims, Intentions and Teaching Considerations; and Sitting Meditation–Aims, Intentions and Teaching Considerations*. Bangor University, UK: unpublished handouts.

Williams, J. M. G., Duggan, D., Crane, C., & Fennell, M. J. V. (2006b). "Mindfulness–Based Cognitive Therapy for prevention of recurrence of suicidal behaviour", *Journal of Clinical Psychology*, *62*: 201–210.

Williams, J. M. G., Teasdale, J. D., Segal, Z. V., & Kabat–Zinn, J. (2007b). *The Mindful Way Through Depression: Freeing Yourself From Chronic Unhappiness*. New York: Guildford Press.

찾아보기

┃인명┃

저자 소개

레베카 크레인(Rebecca Crane)
MBCT 교육자이자 교육연수 강사이다.
영국 Bangor 대학교 심리학부의 마음챙김 연구 및
치료 센터 소속 연구 교수이기도 하다.

역자 소개

안도연(An Doyoun)
서울대학교 심리학과 석사 및 박사(임상 · 상담심리 전공)
삼성서울병원 정신건강의학과 임상심리 레지던트 수련
한국심리학회 신진연구자상 수상(2016)

현 한별정신건강병원 임상심리 수련감독자
  우리심리연구소 소장
  서울대학교, 서강대학교 출강
  임상심리전문가(한국임상심리학회)
  정신보건임상심리사 1급(보건복지부)
  상담심리사 1급(한국상담심리학회)
  EMDR 치료자(국제EMDR협회)

10 인지행동치료 스펙트럼 시리즈 | COGNITIVE BEHAVIOR THERAPIES

마음챙김에 기반한 인지치료
Mindfulness–Based Cognitive Therapy

2019년 1월 30일 1판 1쇄 발행
2023년 1월 20일 1판 2쇄 발행

지은이 • Rebecca Crane
옮긴이 • 안도연
펴낸이 • 김진환
펴낸곳 • (주) 학지사

04031 서울특별시 마포구 양화로 15길 20 마인드월드빌딩
대표전화 • 02)330-5114   팩스 • 02)324-2345
등록번호 • 제313-2006-000265호

홈페이지 • http://www.hakjisa.co.kr
페이스북 • https://www.facebook.com/hakjisabook

ISBN 978-89-997-1677-5 93180

정가 13,000원

출판미디어기업 학지사

간호보건의학출판 **학지사메디컬** www.hakjisamd.co.kr
심리검사연구소 **인싸이트** www.inpsyt.co.kr
학술논문서비스 **뉴논문** www.newnonmun.com
교육연수원 **카운피아** www.counpia.com